'80s
GIRLY DESIGN COLLECTION

'80sガーリーデザインコレクション

♡

昭和的ガーリー文化研究所
ゆかしなもん・著

グラフィック社

はじめに

こんにちは、「昭和的ガーリー文化研究所」所長のゆかしなもんです！ この本を手に取っていただいて、ありがとうございます。この本は、ゆかしなもんが集めている昭和（おもに70〜80年代、一部90年代も含む）のファンシーなグッズや思い出のガーリーアイテム約1341点を一同に集めたものです。

私のことを少しお話ししてみると……。1975年（昭和50年）生まれの名古屋っ子。私には3つ年上の姉がいたので、小さいときから姉と競い合うようにサンリオショップへ行ったり、少女漫画や、お気に入りのファンシーキャラクターを買い集めたりしていました。ときはキラッキラの80年代。日本が好景気に沸き、さまざまな流行やカルチャーが生まれた、元気で楽しい時代！ お誕生日には、クラスメイトとファンシーグッズのプレゼントを贈りあい、クリスマスにはサンタさん（パパ）におもちゃを買ってもらったり、おこづかいを持って行きつけのファンシーショップをハシゴしたり。そして、マイルームは、お気に入りの漫画雑誌やぬいぐるみでい〜っぱい！ そんな、昭和的ガールズライフをささやかに満喫していた、ちょっとおマセな女の子でした。

とにかく物忘れの激しい私が、80年代のアツすぎる女の子カきたということを忘れないためと、

ルチャーの歴史を後世に伝える！ という壮大な目的を掲げて、武露愚（ブログ）「昭和的ガーリー文化研究所」をひっそりと立ち上げたのが、2010年のこと。「コレクター」を名乗るにはあまりにも中途半端で、自分が好きなものだけを気まぐれに集め続けるというスタンス。ときには、お友だちからの寄贈も。だから、この本に載っている昭和ガーリーグッズは多岐にわたっていて、懐かしいファンシーグッズを中心に、おもちゃや児童書、少女漫画雑誌のふろく、観光地のめるへんしおり＆はがきなどなど、広く浅〜く、あれもこれも！ まるで混沌（カオス）！ でも、それがかえって80年代の「なんでもアリ！」な雰囲気に近いし、ゆかしなもんらしいかな、と思ったりしています。

同じ世代の人も、80年代を知らない世代の人も、私と一緒に80年代にタイムスリップして、「ゆかしなもんのお部屋」に遊びに来たようなワクワクした気持ちでこの本を開いてくれたら、こんなにうれしいことはありません。貴女の大切な思い出のかけらが、きっとここにありますように……。

昭和的ガーリー文化研究所

ゆかしなもん

もくじ

はじめに　02

キャラクター編

- レッツチャット　08
- バイキンクン　12
- タイニーキャンディ　18
- オット・トット　20
- ロンリーリトルフォックス　21
- メリーレイカー　22
- ペペンペンペン　25
- ヘッドストロング　26
- ラブリーフィールド　28
- 金太くん　34
- コスモズー　38
- マリンスカウツ　40
- ガーデンスタッフ　42
- うちのタマ知りませんか？　46
- ヘルシーモーモー　54
- イージーボーイズ　56
- レモンヴィレッジ　58
- さてんの〜ちゃん　64
- マリンフラッパー　68
- ストライプス　70
- ミネコクラブ　72
- オサムグッズ　74
- サンリオ　82
- おはよう！スパンク　96

THE DESIGN COLLECTION OF
GIRLY CHARACTERS OF THE '80S

アイテム編

項目	ページ
メモ帳	110
ノート	118
鉛筆	126
消しゴム	130
缶ペンケース	136
ペン&シャーペン	141
下敷き	144
レターセット	146
ブックカバー	154
シール	156
カセットINDEXカード	164
おりがみ	166
ポケットティッシュ	174
絆創膏	184
おしゃれグッズ	192
ハンカチ	198
缶バッジ	200
パスケース&アドレス帳&ウォレット	204
グラス&カップ	206
観光地めくるへんしおり&はがき	214
ガールズトイ	226

コラム01 ◆ ゆかしな的昭和ファンシー史 30
コラム02 ◆ キャラはこうして生まれた 52
コラム03 ◆ ぬいぐるみ♡愛 94
コラム04 ◆ 少女漫画ふろくベスト! 104
コラム05 ◆ ファンシーショップの思い出 172
コラム06 ◆ ガールズ HOW to 本の世界 210
巻末 '80s ファンシー年表 236
おわりに 239

*本書に掲載されている商品はすべて著者の私物であり、現在は販売されておりません。商品についてメーカー、作家、関係者へのお問い合わせはご遠慮下さい。

*各商品の説明キャプションについて
・商品名は商品本体に記載されているもの、もしくは一般的な名称で統一しています。
・キャラクター名がないものは、その商品の特徴がわかるコピーを記載しています。
・年度は原則その商品が発売された年とし、一部例外としてそのキャラクターの誕生年を記載しています。

CATEGORISED BY CHARACTERS

カラフルな'80sを駆け抜けた、たっくさんのファンシーキャラクターのなかから、
ゆかしなもん最愛の人気キャラクターを集めちゃいました☆
思い出のオールスター、夢の競演！

Let's Chat
レッツチャット

81年にデビュー。パッツィダック&ベンジャミンは、一番最初は「あひる」「ぺんぎん」という名前だったんだって。アメリカンテイストのポップでクールなデザインは一世を風靡！パッツィダックはドライヤーなどの電化製品のキャラとしても人気が爆発した☆

ソニー・クリエイティブプロダクツから生まれた人気者。①は携帯用のソーイングセット。真っ赤な缶入りがオシャレ。⑦はパジャマ姿がかわゆいパッツィダックの目覚まし時計。一緒にいるカラスと「おしゃべりのように楽しい毎日」を送っているんだ！⑧は持ち運びできるカセットケース。ベンジャミンがUFOを観察中!?

①ソーイングセット〈1983〉 ②ポケットティッシュ〈1982〉 ③ポケットティッシュ〈1983〉 ④ポケットティッシュ〈1983〉 ⑤ポケットティッシュ〈1982〉 すべてソニー・クリエイティブプロダクツ

⑥缶ペンケース〈1984〉 ⑦目覚まし時計〈1987〉 ⑧カセットケース〈1986〉
⑨絆創膏〈1982〉 ⑩缶ケース〈1981〉 ⑪ポーチ〈1982〉 すべてソニー・クリエイティブプロダクツ

①クリスマスカード〈年代不明〉 ②バースデイカード〈1982〉 ③レターセット〈1982〉 ④ノート〈1982〉
⑤ノート〈1982〉 ⑥ノート〈1983〉 すべてソニー・クリエイティブプロダクツ

①②は思いを伝えるグリーティングカード。クリスマス、お誕生日には仲良しのお友だちに贈ろう♡ ④⑤⑥ビビッドなカラーのノートは持っているだけで元気になれそう☆⑧⑨ロゴもCOOLなハンカチ2種。⑩⑪つぶらな瞳が愛らしい、陶器製の貯金箱。

⑦ビニールショルダーバッグ〈1981〉⑧ハンカチ〈1981〉⑨ハンカチ〈1981〉⑩貯金箱〈年代不明〉⑪貯金箱〈1983〉⑫マスコット〈年代不明〉
⑬マスコット〈年代不明〉⑭フォトスタンド〈1981〉すべてソニー・クリエイティブプロダクツ

BAIKIN-KUN
バイキンクン

81年にソニー・クリエイティブプロダクツからデビュー。胸に付けた「Keep Clean」のバッジが目印の、きれい好きなバイキン☆洗練されたクールなデザインで、一大ブームを巻き起こした。少女漫画雑誌で漫画が連載されたり、レコードが発売になったり、LSIゲームになったりと、さまざまなジャンルで大活躍!

①キーホルダー〈年代不明〉②ゼンマイ歩行人形〈年代不明〉③キーホルダー〈1983〉④メモ帳〈1983〉⑤レターセット〈1984〉⑥レターセット〈1983〉すべてソニー・クリエイティブプロダクツ

⑦シール〈1982〉 ⑧シール〈1983〉 ⑨ステッカー〈1983〉 ⑩缶バッジ付きカード〈1981〉すべてソニー・クリエイティブプロダクツ

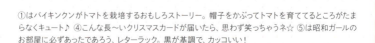

①はバイキンクンがトマトを栽培するおもしろストーリー。帽子をかぶってトマトを育ててるところがたまらなくキュート♪ ④こんな長〜いクリスマスカードが届いたら、思わず笑っちゃうネ☆ ⑤は昭和ガールのお部屋に必ずあったであろう、レターラック。黒が基調で、カッコいい！

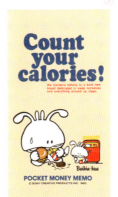

①ノート〈1983〉②しおり付き日記帳〈1983〉③おこづかい帳〈1983〉④クリスマスカード〈年代不明〉⑤レターラック〈1988〉すべてソニー・クリエイティブプロダクツ

①80年代は、何も入らないじゃないかよ！っていうぐらい、超ミニマムな巾着袋が流行ったのだ。⑥⑦⑧初期のブラシを持ったポーズから発展して、いろんなポーズのバイキンクンが見られるように。⑩⑪⑫はきれい好きのバイキンクンならではの身だしなみグッズ。携帯用コロンだなんて、オシャレ！

①巾着袋〈1983〉②スプーン＆フォーク〈1981〉③ペン立て〈1983〉④ハンカチ〈1981〉⑤ハンカチ〈1983〉すべてソニー・クリエイティブプロダクツ

16

⑥ポケットティッシュ〈1982〉⑦ポケットティッシュ〈1982〉⑧ポケットティッシュ〈1983〉⑨プラケース〈1981〉⑩紙石けん〈1983〉⑪ペーパーコロン（ムスク）〈1982〉⑫ペーパーコロン（ライトグリーン）〈1982〉⑬絆創膏〈1982〉すべてソニー・クリエイティブプロダクツ

TINY CANDY
タイニーキャンディ

76年デビュー。学習研究社（現・学研ステイフル）によるブランド・ビクトリアファンシーの象徴ともいえる存在！誰も知らない小さな森の中で、タイニーキャンディはうさぎ達と仲良く暮らしている。咲き乱れる花、小鳥の歌声…いつも平和で、夢いっぱいの国！

① おこづかい帳 ② メモ帳 ③ ミニ色鉛筆セット ④ 定規 ⑤ ミニカード ⑥ ミニカード
⑦ ミニカード ⑧ カード　すべて学習研究社（現・学研ステイフル）（すべて年代不明）

タイニーキャンディは、日本のみならず海外でも人気があったんだって☆このドリーミィな世界観は万国共通だわね！⑨こんな最強メルヘンなおこづかい帳が存在していたとは!!⑮かわゆいソフトケースに入った、ミニマムな色鉛筆。⑩⑪⑬名脇役（？）うさぎ単独のグッズもあったのだ。

⑨紙袋 ⑩指輪 ⑪イヤリング ⑫ネックレス ⑬ブレスレット ⑭手提げバッグ ⑮巾着袋　すべて学習研究社（現・学研ステイフル）（すべて年代不明）

オット・トット

otto tot

81年に初登場。80年代に巻き起こったペンギンキャラブームのなかでも、この誰からも愛されるペンギンたちはとくに人気者だった！何をしていても、どこかにドジさ加減が出ちゃう。いろんなスポーツに挑戦するのに、いつもズッコケちゃうんだよね☆

①文房具一式がそろったお勉強セット☆誕生日プレゼントでお友だちからコレもらうの、すっごくうれしかった！⑥日記帳。スケートをすべるペンギンのおしりに座布団が巻き付けてあるのが笑える☆巻末には、手作りおしゃれ情報やインテリア情報も♡

①スタディセット ②ポケットティッシュ ③ランチボックス ④ペンケース ⑤手提げバッグ ⑥日記帳　すべてコクヨ（すべて年代不明）

Lonely Little Fox
ロンリーリトルフォックス

79年に誕生した、コクヨのオリジナルキャラクター。メルヘンタッチの静かな森に、ひとりぼっちでさみしそうなきつね。誰かと話がしたくて、小さなきつねは友だちを探しに出かけた…。ちょっぴり切ない表情のきつねに胸がキュ〜ン☆

②③お正月の風物詩、ポチ袋！今はもらう側からあげる側になっちゃった…。⑥淡い色合いが美しいレターセット。流れ星に「お友だちができますように」と願い事をかけるきつね。見て見て、崖下にお友だちが隠れているよ〜☆ ⑦4コマ漫画のような楽しい絵柄のビッグな封筒。

①缶ケース ②ポチ袋 ③ポチ袋 ④シール ⑤英単語ノート ⑥レターセット ⑦封筒 ⑧レターパッド ⑨レポートパッド　すべてコクヨ（すべて年代不明）

MERRY RAKER
メリーレイカー

81年にデビューしたメリーレイカーは、オシャレでおセンチで、とってもナイーブなカーリーヘアの女の子。夢と憧れあふれる女の子に向けた、ハイセンスなキャラクターだった。ピンクやパープルを基調としたガーリーなアイテムが当時新鮮だったね☆

①スタディセット ②缶ペンケース ③消しゴム ④写真立て ⑤パスケース
⑥パスケース　すべて学習研究社(現・学研ステイフル)〈すべて年代不明〉

⑦ハンカチ ⑧ハンカチ ⑨アメニティセット ⑩腕時計 ⑪ミニ缶 ⑫ホーローマグカップ　すべて学習研究社(現・学研ステイフル)(すべて年代不明)

①②はオシャレなランチバッグ。ドット柄のように見えて、実は小さな♡柄なのだ。⑤乙女の夢、ハードカバーの日記帳。巻末には星占いのページもあって、心ときめく〜！

①紙製ランチバッグ ②紙製ランチバッグ ③レターセット ④紙製バッグ ⑤日記帳 ⑥封筒 すべて学習研究社（現・学研ステイフル）（すべて年代不明）

PE.PEN-PENPEN
ペペンペンペン

82年にデビュー。アメリカンな香り漂う小さくてのどかなペンペンビレッジに住む、ちょっぴりひょうきんでほのぼのとしたペンギンくん、ペペンペンペンが主人公。スポーツ大好きのヘルシー&パワフルボーイなのだ!

ウエスト コースト風のライトなグッズはどれもビビッドな原色が特徴で、見ているだけで元気が出るよね☆①のドリンクカップ形の貯金箱は、なんとストロー付きのリアルさ!

①カップバンク(貯金箱) ②カセットケース形アドレス帳 ③レターセット すべて学習研究社(現・学研ステイフル)(すべて年代不明)

HEADSTRONG
ヘッドストロング

81年に発売。てるてるぼうず&かたつむりコンビの「BONZE&SNAIL」と、目玉焼きが好きなお月さま&星コンビの「MOON&EGGS」の2パターンがあった。文房具店の紙袋に絵柄がプリントされていた時期もあり、コクヨ系ファンシーの代表的キャラに。

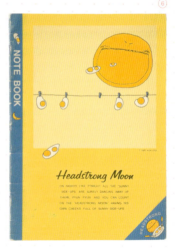

①パスケース〈1981〉 ②ソックタッチ（靴下留め）〈1981〉 ③クリップ〈年代不明〉 ④消しゴム〈1981〉 ⑤消しゴム〈1981〉 ⑥ノート〈1981〉 ⑦シール〈1981〉 すべてコクヨ

①はパスケース。キーカラーのペパーミントグリーンのパイピングが効いてる！②は昔懐かしいソックタッチ。ハイソックスをキープするための必須アイテム♪。⑦はクリアなシール。まるで漫画のようにコミカルな絵柄が多かった。⑫はメタリックなピンク色がおしゃれな缶の灰皿☆

⑧タンブラー（1981）⑨ガーゼハンカチ（1981）⑩プラスチックケース（1981）⑪缶小物入れ（1981）⑫灰皿（1981）⑬缶小物入れ（1981）
すべてコクヨ

LOVELY FIELD
ラブリーフィールド

70年代ファンシーは主にドリーミーなメルヘン風かアメリカンテイストが主流だったが、こちらはノンキャラ系正統派メルヘンの代表格。80年代に入っても、人気は続いた。パステルトーンの世界にカラフルな汽車がガタンゴトン。ときには空を飛ぶことも☆

①ペンケース ②ポチ袋 ③ポチ袋 ④シール ⑤リングノート ⑥レターセット ⑦レターセット すべてコクヨ〈すべて年代不明〉

⑥⑦封筒に穴があいていて、その上からシールを貼るとワンタッチで封ができるというしくみのレターセット。定番の汽車だけじゃなくてヨットの柄もあったのだ！⑪珍しいラッピングパッド。プレゼントの包装にしてもよし、手作りのブックカバーを作ってもよし♡

⑧ハンカチ ⑨ハンカチ ⑩小瓶 ⑪ラッピングパッド　すべてコクヨ（すべて年代不明）

29

COLUMN 1

ゆかしな的昭和ファンシー史

愛らしいオリジナルキャラが次々に生まれた70年代

「ファンシー（可愛い）」なもの。そのルーツをたどっていくと、明治・大正時代の画家・竹久夢二にまで遡り、昭和期の中原淳一、蔦谷喜一、内藤ルネ、田村セツコ、水森亜土、高橋真琴といった名だたる人気画家たちが、その時代の「可愛い」や「流行」を牽引してきました。この長きにわたる「可愛い」の大きな潮流は、時を経て進化、変化していきます。

1962年にはサンリオのいちごシリーズが大ヒットに。1966年には流行の発信地ともいえる原宿キデイランド、銀座ソニープラザがオープンし、60年代には「ファンシーグッズ」の流通ビジネスがすでに確立していたといえます。

70年代は前述のルネグッズや、亜土タンなどの作家ものの他、「ディズニー」や「スヌーピー」、「トムとジェリー」、「ジギー」などのアメリカンな海外の王道キャラクターが人気を博す一方で、サンリオが1971年にオリジナルキャラクター「コロちゃん」を発表。以後、「ハローキティ」、「パティ＆ジミー」、「リトルツインスターズ」、「マイメロディ」など独自のキャラクター商品を続々と展開していきます。また、1971年には「新宿ギフトゲート」を開店。直営店舗やFCチェーン店を持つなど販売チャネルが他社とは異なる画期的なもので、キャラクターのライフサイクルが長いことが特長とな

YUKACINNAMON

COLUMN 1

キャラ戦国時代!? 華やかなりし 80年代の「少女雑貨ブーム」

りました。勢いを増すサンリオに続けとばかり、学習研究社(以下学研、現・学研ステイフル)、ソニー・クリエイティブプロダクツ(以下SCP)、コクヨ、ミドリ(現・デザインフィル)、サンエックスといった大手メーカーからも、オリジナルキャラクターが誕生。やがて混沌(カオス)ともいえる爆発的な80年代キャラクターグッズブームにつながっていったのは、とてもおもしろい現象だったと思います。

どファンシー時代ともいえる70年代後半は、「タイニーキャンディ」(1976年/学研)、「スリービッグリーズ」(1979年/学研)、「ロンリーリトルフォックス」(1976年/コクヨ)、ノンキャラものでは汽車柄の「ラブリーフィールド」(コクヨ)などがヒット。貴女が初めて出会ったファンシーキャラクター、覚えていますか?

80年代に入ると、各社の新キャラ合戦はさらに激しくなっていきます。大ヒットといえるものを一部挙げただけでも、「タキシードサム」(1979年/サンリオ)、「レッツチャット」(1981年/SCP)、「バイキンクン」(1981年/SCP)、「金太くん」(1981年/ミドリ現・デザインフィル)、「ヘッドストロング」(1981年/コクヨ)、「ゴロピカドン」(1982年/サンリオ)、「ガーデンスタッフ」(1982年/コクヨ)、「レモンヴィレッジ」1983年/学研)、「うちのタマ知りませんか? (タマ&フレンズ)」(1983年/SCP)、「ペンシルクラ

YUKACINNAMON

ブ」(1984年／サンエックス)、「ハンギョドン」(1985年／サンリオ)など、書ききれないほど！ 古参の人気キャラクターはシーズンに応じてテイストやアイテムを少しずつ変えながら息の長い活躍をしつつ、一方で新たなキャラクターも生まれては消えていき……まさに"キャラクター戦国時代"と言えるものでした。

これら主要6社のほかにも、ダスティ・ミラー、ユーカリ社、エヌビー社、ベニス、ミツカン、クツワ、リリック、ジャパンクラフト、サンスター文具、トンボ鉛筆、パウラジャパンなど、さまざまなメーカーが個性あふれるグッズを続々とリリース。80年代後半には、1987年の「ピニームー」(サンエックス)や、「のリピーマン」(ミドリ現・デザインフィル)、「KIRIKO'S FACTORY」(玖保キリコ)、「パーボー」(アーバン)などが女の子の間でブームに。当時流行したモノトーンブームの影響もありましたが、「可愛いもの」から、大人の女性や男性も

持てるような、シンプルでシックなキャラクターやデザインが増えていきます。

一方で、70年代後半から熱狂的なファンを増やしつづけてきた原田治の「オサムグッズ」(コージー本舗)、東京・代官山を中心に展開された「Mr.フレンドリー」(スーパープランニング)、1987年ごろに人気を博した上田三根子の「MINEKO CLUB」(ミドリ現・デザインフィル)、個性的な「SWIMMER」(白鳳)などのティーン向けオシャレ雑貨系や、「ミッキーマウス」、「フィリックス・ザ・キャット」、「セサミストリート」、「不思議の国のアリス」などの海外キャラ、ドットやチェック柄などの「ノンキャラ系」、さらには「ホワッツマイケル?」(講談社)、「PERSON'S」などの漫画&アニメキャラ系、

COLUMN 1

ファンシーグッズは「女の子のライフスタイル」そのもの！

のDCブランド系……と、さまざまなキャラ&潮流が入り乱れ、華やかなりし"昭和ガーリー雑貨ブーム"を形成していたのです。

では、「ファンシーグッズ」とはいったい何なのか？　大きく分けるだけでも、リビングインテリア、アクセサリー、服飾雑貨、袋物&かばん、人形&ぬいぐるみ、玩具、文房具&カード類、キャンディ&菓子、コスメ系……とそのジャンルは多岐にわたり、明確に定義することが難しいものです。言ってみれば「女の子に関わるもの、ぜ〜んぶ」！　価格帯も、100円で気軽に買える可愛いノートもあれば、おこづかいを貯めないと買えなかった高価なルームランプや時計、家電製品までと、バラエティ豊か。文具業界はもちろん、食品業界、家電業界、玩具業界など異業種のメーカーが「ファンシーキャラクター」の可愛さや人気に注目し、次々に参入していったのです。

この本のテーマとなっている80年代は、さまざまなファンシーのキャラやテイスト、そして潮流が共存していた混沌（カオス）な時代でした（あまりにも多すぎて、供給過多だったとも言えるけれど）。それは、当時の好奇心旺盛な女の子の、多様なライフスタイルにぴったりマッチしていたのです。「可愛いものに囲まれたい！」「好きなキャラを、好きなように持ちたい！」「私はこんな女の子なのデス！」そんな自我を持ち始めた少女たち（あるいは、少年たち、大人の男女も含む）の、小さな自己主張をかなえてくれたのが、あのころのファンシーグッズだったのではないでしょうか。

参考文献：『日本の「かわいい」図鑑』（河出書房新社）、『ファンシー商品ショック図典』（誠文堂新光社）

YUKACINNAMON

KINTAKUN
金太くん

81年に誕生したミドリ（現・デザインフィル）の金太郎キャラ！それまでのファンシー業界はメルヘン系やアメリカン風のキャラが主流だったなか、和の日本男児キャラの登場は一大センセーションに☆勇ましいけど、どこかかわゆい金太くんなのです。

①消しゴム〈1982〉②陶器マスコットキーホルダー＆ハンカチセット〈1982〉③消しゴム〈1982〉④レターパッド〈1982〉⑤レターパッド〈1982〉
⑥レターパッド〈1982〉すべてミドリ（現・デザインフィル）

⑦トランプ〈年代不明〉⑧年賀はがき〈1982〉⑨年賀はがき〈1982〉⑩消しゴム〈1982〉⑪レターセット〈1982〉⑫レターセット〈1982〉
⑬レターセット〈1982〉すべてミドリ（現・デザインフィル）

①ハンカチ〈年代不明〉 ②フリーケース〈1981〉 ③ポケットティッシュケース〈1981〉 ④ポケットティッシュ〈1981〉 ⑤プラチェスト〈1982〉 ⑥プラチェスト〈1981〉 ⑦紙袋〈年代不明〉 すべてミドリ（現・デザインフィル）

⑤⑥昭和ガールズの学習机にかなりの高確率で設置されていたのがプラチェスト。⑦真っ赤な紙袋。金太くんグッズは神々しいゴールドも使われていて、高級感もあるのだ☆⑧⑪は陶器製の、⑨はソフビ製の貯金箱。黒々としたおかっぱ頭と赤いふんどしがキュートでしょ！

⑧貯金箱（1982）⑨貯金箱（1982）⑩くし（1982）⑪貯金箱（1982）すべてミドリ（現・デザインフィル）

COSMO-ZOO
コスモズー

82年デビュー。宇宙が舞台のスペーシーな世界観に、なぜか牛!? 当初はうさぎのキャラもいた。牛さんは、20頭もの動物たちが集まる夜のパーティーの準備に忙しいんだって☆ポップなのに、どこかロックテイストも感じさせるクールなシリーズ！

①貯金箱〈年代不明〉②財布〈1982〉③サイン帳〈1983〉
④コーム＆ミラーセット〈1982〉⑤しおり付き日記帳
〈1983〉すべてソニー・クリエイティブプロダクツ

①ぽってりしたお顔の陶器製貯金箱。④コンパクトタイプのコーム＆ミラー☆ いつもバッグにしのばせておきたい。⑤ハードカバーの日記帳は、かわゆいしおり付き！⑥アルバ製の腕時計。こんなオシャレなキャラクターウォッチに激しく憧れていたあのころ…。

⑥腕時計〈年代不明〉 ⑦スタディセット〈1982〉すべてソニー・クリエイティブプロダクツ

MARINE SCOUTS
マリンスカウツ

82年にソニー・クリエイティブプロダクツより登場。当時人気のあったマリンモチーフ×きつねって、ある意味最強の組み合わせかも！赤いリボンのマリンルックがお似合い。海や動物たちの安全を守るため、きつねの水兵さんたちは今日もせっせとお仕事にいそしむのだ☆ときには楽団になって演奏することも。

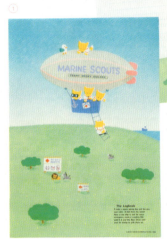

①レターパッド〈1983〉②封筒セット〈1983〉③レターセット 便箋〈1983〉＆ 封筒〈1984〉④おこづかい帳〈1983〉すべてソニー・クリエイティブプロダクツ

40

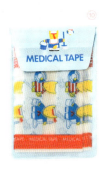

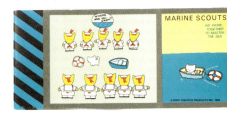

④スマートサイズのおこづかい帳。あっ！奥で北極ぐまくんが干してるTシャツの柄が「うちのタマ〜」っぽいぞ!?⑤漂流した猫を助けたヒーローのハンカチ。全体にブルーなトーンだから子どもっぽくなく持てる。⑧メタリックに輝くギフト用シール。シルエットの絵柄もしゃれてる〜。

⑤ハンカチ（1984）⑥ポケットティッシュ（1983）⑦ポケットティッシュ（1984）⑧シール（1984）⑨巾着袋（1983）⑩絆創膏（1982）⑪メモ帳（1984）すべてソニー・クリエイティブプロダクツ

41

ガーデンスタッフ

garden stuff…

82年にコクヨより発売。パステルカラーのポップさと、お野菜ちゃんたちのかわゆさで、一躍人気キャラに！ナスはみんなに心配をかけているイタズラっ子の赤ちゃん、キュウリはみんなの中で一番年上の男の子…など実はキャラ設定も綿密なのだ！

①シャープペンシル〈1982〉 ②消しゴム〈1982〉 ③ペンケース〈1982〉 ④パスケース〈年代不明〉 ⑤パスケース〈年代不明〉 ⑥シール〈年代不明〉 ⑦フォトケース〈1982〉 すべてコクヨ

⑧ノート〈年代不明〉 ⑨ノート〈年代不明〉 ⑩ノート〈年代不明〉 ⑪ポケットティッシュ〈1982〉 ⑫日記帳〈年代不明〉すべてコクヨ

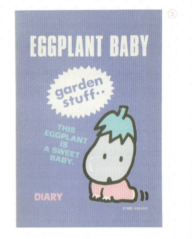

③④はケース入りの日記帳。交換日記にもぴったりだよね☆⑤⑥⑦はビビッドカラーがかわゆいビニール素材のサブバッグ。学生かばんとセットで持ちたい。⑫は箸箱がセットになったお弁当箱。ランチタイムが楽しくなる、ポップなデザイン！

①レターセット（1982）②レターセット（1982）③ケース入り日記帳（1982）④ケース入り日記帳（1982）すべてコクヨ

⑤ビニール製手提げバッグ〈1982〉⑥ビニール製手提げバッグ〈1982〉⑦ビニール製手提げバッグ〈1982〉⑧タンブラー〈1982〉⑨タンブラー〈1982〉⑩タンブラー〈1982〉⑪調味料入れ〈1982〉⑫ランチボックス〈1982〉すべてコクヨ

うちのタマ知りませんか?

83年、ソニー・クリエイティブプロダクツから発売されたのが、和猫のタマ。それまでは西洋風か無国籍なキャラが主流だったなかで、同社初の和名・和物キャラとして誕生した。グッズはもちろん、アニメや絵本、学習ドリルになったり！30年以上の長きにわたって愛される、国民的キャラに成長☆ポチやベーなど3丁目の仲間たちも個性的でキュート♡

①缶ペンケース〈1986〉②缶ペンケース〈1983〉③缶ペンケース〈1983〉④缶ペンケース〈1983〉⑤鉛筆〈1983〉⑥鉛筆〈1983〉⑦鉛筆〈1984〉すべてソニー・クリエイティブプロダクツ

⑧ノート〈1983〉 ⑨消しゴム〈1983〉 ⑩消しゴム〈1986〉 ⑪消しゴム〈1986〉 ⑫消しゴム〈年代不明〉すべてソニー・クリエイティブプロダクツ

①レターパッド〈1984〉 ②レターパッド〈1984〉 ③封筒セット〈1987〉
④封筒セット〈1987〉 ⑤レターパッド〈1983〉 ⑥封筒〈1983〉 ⑦メモ帳〈1983〉すべてソニー・クリエイティブプロダクツ

②「ポチまでいなくなったんかい！」(笑)と思わず突っ込んだ「ポチ」シリーズ。「うちのタマ〜」といえば「おかもとたけし」くんのこの手書き文字が味わい深いのよね☆⑩〜⑮は缶ペンに必ず1本はスタンバイさせていた、タマや仲間たちのペン。マスコット付きなのがラブリー♡

⑧ステープラー（ポチ）〈1987〉 ⑨ステープラー（ベー）〈1987〉 ⑩シャープペンシル〈1987〉 ⑪シャープペンシル〈1987〉 ⑫シャープペンシル〈1984〉 ⑬窓付きシャープペンシル〈1986〉 ⑭シャープペンシル〈1984〉 ⑮シャープペンシル〈1984〉 ⑯おこづかい帳〈1988〉すべてソニー・クリエイティブプロダクツ

①ミニカイロ〈1983〉②ポケットティッシュ〈1983〉③クリップ〈年代不明〉④リップクリーム〈1983〉⑤巾着袋〈1984〉⑥巾着袋〈1987〉⑦ポケットティッシュ〈1985〉⑧絆創膏〈1983〉⑨温度計〈1984〉すべてソニー・クリエイティブプロダクツ

50

⑴「ちゃっぷい(寒い)」ときにはコレをどうぞ！タマのミニカイロ♪⑥は小さな巾着袋。タマ、ポチ、ベー、トラなど、三丁目のおなじみの仲間たちがポチの家で集会中(?)⑭はガラス製の大きな牛乳瓶。キャンディを入れたりしたら、きっと可愛い！

⑩貯金箱(年代不明) ⑪ミニ紙袋(1984) ⑫プラスチック製カップ〈1986〉 ⑬マグカップ〈1986〉 ⑭ミルク瓶〈1986〉すべてソニー・クリエイティブプロダクツ

COLUMN 2

COLUMN 2 キャラはこうして生まれた

ファンシーカルチャー形成時代に人気を誇った、学研のメルヘンキャラ

80年代のキャラクター戦国時代突入目前、1976年に学習研究社（以下学研、現・学研ステイフル）のブランド・ビクトリアファンシーから「タイニーキャンディ」という女の子のキャラクターが誕生しました。後に、オリジナルキャラ「スリービッグリーズ」、ライセンスキャラ「トムとジェリー」とともに70年代後半の学研「三本柱」となるキャラで、「タイニーキャンディの絵がプリントされているものは何でも売れた」というくらいの人気だったそう。学研は当時、社外デザイナーと協力してキャラクターを開発しており、デザイナーが描いた原画をベースにセピア色の輪郭を描き、透明水彩で着色し、背景はぼかしで表現。あの淡いメルヘンなトーンの世界観ができあがりました。文具類全般に加え、ミニチェスト、フォトフレーム、ゴミ箱などのインテリア小物、傘、靴下、Tシャツなど、あらゆる商品が作られていたといいます。

このころの業界全体の印象について学研関係者は「消費することが美徳という時代。我々も発売するそばから増産していた」と振り返ります。ちなみにこの「タイニーキャンディ」と本書25ページで紹介している「ペペンペンペン」は、同じデザイナーが手掛けたもの。サントリーのコマーシャルに採用されて大ヒットした「パピプペンギンズ」の影響もあってか、ペンギンものが大流行した1980年代、サンリオの「タ

YUKACINNAMON

COLUMN 2

キシードサム」、ミドリ（現・デザインフィル）の「ジミーペンドリックス」などと共にブームの一翼を担ったキャラクターです。

3世代から愛される由縁となった、綿密なキャラ設定

一方、ソニー・クリエイティブプロダクツ（SCP）の超ロングセラーキャラクターといえば、「うちのタマ知りませんか？（タマ＆フレンズ）」（1983年）。そのヒットのきっかけは、SCPの関係者によると「タマが誕生した当時、パステルカラーと英字が主流のファンシーグッズのなかで、"和猫""子ども的な書き文字""当時の身近な街並みと色調"が斬新に受け止められた」こと。タマは、その後通常の商品化にとどまらず、小学校のドリルや裁縫箱、地方銀行のイメージキャラクター、小児科の診察券や薬袋……のように、私たちの生活に密着した場で使われたことで、普段キャラものに触れる機会のない層にも認知されることになります。雑誌連載（88年）、絵本発売（89年）、映画化（93年）……と多媒体の展開でも、知名度を上げていきました。

そしてもうひとつ、世代・時代を越えて愛されるキャラクターに育った大きな要因に「タマたちが、猫や犬そのものだったことも大きかった」そう。擬人化された動物キャラクターではなく、身近にいる子猫や子犬のように三丁目で暮らしていたタマと仲間たち。そこが素朴な温かみや、老若男女に受け入れられる親近感を感じさせたのでしょう。2016年には22年振りにアニメが放映され、2018年の誕生35周年に向けて新たなグッズも続々発売されています。懐かしいだけではない、私たちの記憶でしっかり生き、共に成長してきたキャラクターには、そうなるべくしてなった理由があるのです。

取材協力：学研ステイフル、ソニー・クリエイティブプロダクツ

YUKACINNAMON

HEALTHY MO- MO-
ヘルシーモーモー

83年にデビューした、80年代初期のサンエックスのヒットキャラ☆「健康度100%！元気いっぱい、ハツラツギャルへのミルクメッセージ」のコンセプトどおり、ビビッドな原色とファンシーな牛さんが、目にも鮮やか。ミルク瓶モチーフも、'80sの象徴的アイコン！

①缶ペンケース ②フォトケース ③消しゴム ④ポーチ ⑤ポーチ ⑥キーホルダー ⑦キーホルダー　すべてサンエックス〈すべて1983〉

⑧学校にも持って行けちゃうミニアルバム。大好きな彼ちゃまの写真をしのばせて…♡⑧⑨⑩は当時サンエックスから多く発売されていたミニレターセット。手のひらサイズが乙女心をくすぐる〜！⑪⑫はマチなしの布バッグ。ミルク瓶の部分が外付けのミニポッケになっているのだ。

⑧ミニレターセット ⑨ミニレターセット ⑩ミニレターセット ⑪手提げバッグ ⑫手提げバッグ　すべてサンエックス〈すべて1983〉

EASY BOYS
イージーボーイズ

♪涙の〜リクエ〜スツ♬と思わず歌い出したくなっちゃう、今はなきジャパンクラフトというメーカーの大ヒットキャラ。当時革新的だった、チェッカーズ風のチェック柄ファッションや髪型がポイント☆84年に発売。ポーズや衣装は、いくつかのパターンがあった。

①シャープペンシル ②シャープペンシル ③缶ペンケース ④缶バッジ ⑤缶バッジ
⑥パスケース ⑦レターセット　すべてジャパンクラフト（すべて年代不明）

アイテムは、衣装のチェック柄の部分がカラフルに際立っていて、技アリなデザインだった。③の缶ペンけ「EASY BOYS」のスピンオフらしさ珍品。⑦このレターセットでチェッカーズにファンレター書いた人、集合〜！⑩⑪カセットも入れられる、大きめの缶ケース。

⑧ハンカチ ⑨ポーチ ⑩缶ケース ⑪缶ケース ⑫巾着袋 ⑬マグカップ すべてジャパンクラフト（すべて年代不明）

Lemon Village
レモンヴィレッジ

82年創刊のティーン向け人気雑誌「Lemon」(学習研究社)から生まれたおしゃれキャラ。グッズは翌83年から発売された。トラッド派のジャミーとカジュアル派のパフィー、2人のファッショナブルかつ個性的なアイテムに、当時の高感度ギャルがみ〜んな夢中に♡

②③は、いい雰囲気〜なラブラブカップルの缶ペンケース。雑誌「Lemon」の表紙でも、必ずボーイフレンドと一緒だったもんね☆⑥はダイカットの消しゴム。あっと驚くデザインも、「レモンヴィレッジ」グッズの特徴だった。⑨⑪は青春の1ページ、サイン帳！ポップでかわゆい☆

①缶ケース入りミニ色鉛筆セット ②缶ペンケース ③缶ペンケース ④ブックカバー ⑤ブックカバー ⑥消しゴム ⑦鉛筆　すべて学習研究社(現・学研ステイフル)〈すべて年代不明〉

⑧クリスマスカード ⑨サイン帳 ⑩日記帳 ⑪サイン帳 ⑫スケジュールノート ⑬レターセット すべて学習研究社(現・学研ステイフル)(すべて年代不明)

①ノート ②ノート ③レポートパッド ④レポートパッド ⑤ミニノート ⑥ミニノート ⑦ノート ⑧ノート すべて学習研究社（現・学研ステイフル）（すべて年代不明）

①ミニタンブラー ②ミニタンブラー ③ミニタンブラー ④湯飲み ⑤巾着袋 ⑥パスケース ⑦アイロンワッペン ⑧アイロンワッペン　すべて学習研究社（現・学研ステイフル）（すべて年代不明）

⑨水筒 ⑩絆創膏 ⑪タオルハンカチ ⑫アメニティポーチ　すべて学習研究社（現・学研ステイフル）〈すべて年代不明〉

さてんのに〜ちゃん

84年ごろから人気に火がついた、喫茶店のぼさぼさ頭のおに〜ちゃん☆小さい身体でよく働くんだけど、ドジでおっちょこちょい。でも、笑顔がカワイイからお店の中はいつも女の子でいっぱい！お店の名前は「shiroi ie（白い家）」というらしい！

①レターセット ②コースター ③レターセット ④缶バッジ ⑤缶バッジ　すべてユーカリ社（すべて年代不明）

かつて存在したユーカリ社というメーカーのキャラ。グッズに九州地方の方言が大胆に使われていたのがとにかく斬新だった☆①③はレターセット。に〜ちゃんの作るメニュー、美味しそう。②コースター、⑥のれん、⑧エプロンと、いかにも喫茶店なアイテム！それより、に〜ちゃん、タバコ吸いながら調理するのやめて〜！

⑥のれん ⑦グラス ⑧エプロン ⑨ランチボックス　すべてユーカリ社（すべて年代不明）

①ルーズリーフ ②ルーズリーフ ③ノート　すべてユーカリ社〈すべて年代不明〉

66

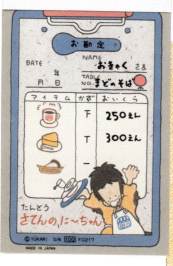

④ノート ⑤メモ帳 ⑥メッセージカード ⑦メモ帳　すべてユーカリ社〈すべて年代不明〉

マリンフラッパー

marine flapper

84年にデビューした、さわやかな女の子キャラ。マリンモチーフのキャラクターはたくさんあれど、「女の子の水兵さん」というコンセプトは珍しかった☆みんな髪型が違うことにご注目〜！このほかにも、流行のファッションを着たバージョンも存在する。

①缶ペンケース ②メモ帳 ③シャープペンシル ④定規 ⑤方眼紙メモ帳 ⑥レターセット すべてユーカリ社（すべて年代不明）

いまはなきユーカリ社のキャラ。①③④「マリンフラッパー」で文房具を揃えるとこんなにもさわやかに！
②当時流行っていたカセットインデックス風のメモ帳。⑥小さなレターセットはビニールケースに入って、
とっても機能的。⑦こちらは秋冬バージョン！？ギンガムチェック＆リボンという最強の組み合わせ！⑧⑨
ドット柄が涼やかなハンカチは、学校で使いたい！

⑦ハンカチ ⑧ハンカチ ⑨ハンカチ ⑩レターセット ⑪レターセット　すべてユーカリ社（すべて年代不明）

69

STRIPES
ストライプス

84年デビュー。当時数多く出ていたスポーツ系ファンシーグッズのなかで、群を抜いてオシャレだったのが「ストライプス」！高校野球ブームもあって、野球ファンの女の子にはたまらないキャラだった。女の子チームの「CAL.DOTS」のグッズもあった。

②の消しゴム、実は野球ボールの柄なのだ！③かわゆいコンパスはケースがストライプ柄〜！⑥淡いカラートーンがステキなノート。⑧のレターパッドは「STRIPES」VS「CAL.DOTS」因縁の（?）試合中。キャラ部分がシールになっている。

①単語帳（1985）②消しゴム（1985）③コンパス（1985）④タンブラー（1984）
すべてソニー・クリエイティブプロダクツ

⑤ノート〈1985〉⑥ノート〈1984〉⑦ノート〈1984〉⑧レターパッド〈1985〉⑨レターパッド〈1985〉すべてソニー・クリエイティブプロダクツ

71

MINEKO CLUB
ミネコクラブ

87年にミドリ（現・デザインフィル）から発売された、イラストレーター上田三根子さんの「LIGHT STEP」シリーズ。当時大人気だった少女向けライフスタイル誌「Olive」（マガジンハウス）や「Candy」（講談社）などでおしゃれなイラストを手掛けていた上田さんの世界観が、そのままステーショナリーに！

①ミニノート〈1988〉 ②クリップ〈1988〉 ③定規〈1987〉 ④定規〈1987〉 ⑤定規〈1987〉 ⑥メモ帳〈1987〉 ⑦単語帳〈1988〉 すべてミドリ（現・デザインフィル）

80年代後半に巻き起こった「オリーブ少女ブーム」「リセエンヌブーム」「トリコロールブーム」を感じさせる、ポップかつファッショナボーなデザイン☆⑦は試験勉強もオシャレにキメる単語帳。⑫こんなしゃれた湯のみが30年前に存在したことに驚愕だよ！

⑧缶ペンケース ⑨ハンカチ ⑩巾着袋 ⑪マグカップ ⑫湯飲み すべてミドリ（現・デザインフィル）（すべて1987）

OSAMU GOODS
オサムグッズ

50〜60年代風のアメリカン＆ポップなテイストがオシャレ！イラストレーター・原田治さんが手掛けた数々のグッズは、76年に化粧品小物メーカーのコージー本舗から発売されたのが始まりだった。ジャックやジルなどの個性的なキャラは、イギリスの童謡「マザーグース」から生まれたのだ☆スクールトートは'80sに大ブームに。

①スクールトート〈年代不明〉②鉛筆〈1994〉③鉛筆〈年代不明〉④鉛筆〈1994〉⑤鉛筆〈1993〉⑥鉛筆〈年代不明〉⑦鉛筆〈年代不明〉⑧鉛筆〈1994〉⑨マグカップ〈年代不明〉⑩マグカップ〈年代不明〉⑪グラス〈年代不明〉すべてコージー本舗

⑫ハンカチ〈年代不明〉⑬ハンカチ〈年代不明〉⑭ハンカチ〈1989〉⑮ハンカチ〈年代不明〉⑯ナフキン〈1985〉⑰ハンカチ〈1986〉⑱ハンカチ〈年代不明〉⑲ハンカチ〈年代不明〉⑳ハンカチ〈年代不明〉すべてコージー本舗

①キーホルダー〈1985〉②ペーパースナックプレート〈1987〉③お守り袋〈年代不明〉④腕時計〈年代不明〉⑤タンブラー〈年代不明〉⑥マドラー〈年代不明〉⑦メモ帳〈1985〉⑧サイン帳〈1983〉すべてコージー本舗

⑨デイリープランノート〈1985〉 ⑩ウィークリーメモパッド〈1984〉 ⑪缶ケース〈1982〉 ⑫クリスマスカード〈年代不明〉 ⑬クリスマスポストカード〈1989〉 ⑭ファンクラブハンカチ〈年代不明〉 ⑮便箋付き封筒〈年代不明〉 ⑯缶ケース〈年代不明〉すべてコージー本舗

①レターセット（年代不明）②ウィークリーメモパッド（1983）③レターセット（1991）
④レターセット（1991）⑤レターセット（1986）⑥レターセット（年代不明）すべてコージー本舗

洗練されたデザイン、ロゴ、カラーなど、グッズにはどれも原田先生のセンスと愛とこだわりが詰まってる！当時の女子中高生の憧れアイテムだった。この可愛さは永遠！①のジルのイラストは、90年に代官山にオープンしたOSAMU GOODSのパイロットショップ「ソーダファウンテン」に飾られていたもの☆

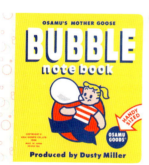

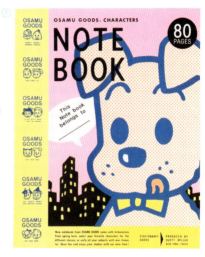

⑦ノート〈1987〉 ⑧ノート〈年代不明〉 ⑨ノート〈1984〉 ⑩グリーティングカードセット〈年代不明〉すべてコージー本舗

③〜⑩はショップ用の紙袋。OSAMUのグッズを買うと、シーズンごとにこんなステキな紙袋に入れてくれる！裏側には季節を感じさせてくれる読み物やライフスタイルの記事が。こうやって原田先生の趣味や好きなもののエッセンスに触れて自らのセンスを磨くことが、OSAMUファンの幸せなのだ。

①レターセット〈1985〉②エクスプレスバッグ〈1982〉③ショップバッグ Vol.31〈1985〉④ショップバッグ Vol.32〈1985〉⑤ショップバッグ Vol.37〈1986〜1987〉すべてコージー本舗

⑥ショップバッグ Vol.13（1981） ⑦ショップバッグ Vol.12（1980〜1981） ⑧ショップバッグ Vol.17（1981〜1982） ⑨ショップバッグ Vol.18（1982） ⑩ショップバッグ Vol.36（1986） すべてコージー本舗

SANRIO
サンリオ

60年に「山梨シルクセンター」として発足。73年に「聖なる河」を意味する「サンリオ」に社名を改称した、ファンシー業界のパイオニア!「ハローキティ」「リトルツインスターズ」「パティ&ジミー」などの愛らしいキャラクターは、今も色あせない永遠のかわゆさ♡これまでも、これからも、ずっと友だちだよ☆

①「ゴロピカドン クリップ」〈1983〉 ②「ゴロピカドン 安全ピン」〈年代不明〉 ③「ゴロピカドン 巾着袋」〈1983〉 ④「ゴロピカドン トートバッグ」〈1984〉 ⑤「ゴロピカドン トートバッグ」〈1984〉 ⑥「ゴロピカドン ファンシーケース」〈1984〉 ⑦「ゴロピカドン パスケース」〈1984〉 ⑧「パピーラブ レターラック」〈1979〉 ⑨「パピーラブ ポーチ」〈年代不明〉 ⑩「ファンカムアライブ 缶バッジ」〈1984〉 ⑪「ファンカムアライブ 缶バッジ」〈1984〉 ⑫「ザ ボードビルデュオ 小物入れ」〈1984〉 ⑬「ザ ボードビルデュオ ファンシー缶」〈1984〉 ⑭「ザ ボードビルデュオ 缶バッジ」〈1984〉 ⑮「ザ ボードビルデュオ 缶バッジ」〈1985〉 すべてサンリオ

⑯「ザシキブタ 缶ペンケース」(1985) ⑰「ザシキブタ 缶バッジ」(1985) ⑱「ザシキブタ 缶バッジ」(1985) ⑲「ザシキブタ スケジュールパッド」(1984) ⑳「ザシキブタ メモ帳」(1984) ㉑「ザシキブタ マスコットバッジ」(1984) ㉒「ニャニィニュニェション メモ帳」(1988) ㉓「ニャニィニュニェション ワッペン」(1985) ㉔「ニャニィニュニェション アルミ お弁当箱」(1988) ㉕「ボ・ボクねずみ小僧だい! 缶ペンケース」(1990) ㉖「ハンギョドン 缶ペンスタンド」(1988) ㉗「みんなのたあ坊 缶ペンケース」(1988) ㉘「みんなのたあ坊 名刺カード」(1989) すべてサンリオ

83

②こすって紙に写す、懐かしのインスタントレタリングタイプのシール。③表紙を押すと音が鳴るユニークなギミックのノート☆④⑬80年代当時、「ペンギン戦争」といえるほど多く存在したペンギンキャラの中でも、私はまゆげがキュートな「ぺんちゃんずくらぶ」が大好きだった！

①「ゴロピカドン レターセット」(1984) ②「ゴロピカドン トランスファーシール」(1983) ③「ニャニィニュニェニョン ノート」(1986) ④「ぺんちゃんずくらぶ セルカラーちよがみ」(1986) すべてサンリオ

⑤「HOP&SKIP リングメモ帳」〈1986〉⑥「カントリーフレッシュベジーズ　ノート」〈1986〉⑦「ノラネコランド リングメモ帳」〈1987〉⑧「マロンクリーム シール」〈1986〉⑨「ようかいきっず メモ帳」〈1986〉⑩「うれない うらない ザウルス メモ帳」〈1985〉⑪「ヘイシードジェイク ノート」〈1983〉⑫「ウメ屋雑貨店 ノート」〈1987〉⑬「ぺんちゃんずくらぶ ノート」〈1986〉すべてサンリオ

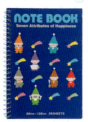

①「ハローキティ リングメモ帳」(1987) ②「リトルツインスターズ リングメモ帳」(1986) ③「セブンシリードワーフ リングメモ帳」(1979) ④「チアリーチャム リングメモ帳」(1987) ⑤「ハローキティ 暑中見舞いハガキ」(1976) ⑥「マイメロディ 暑中見舞いハガキ」(1976) ⑦「リトルツインスターズ 暑中見舞いハガキ」(1976) ⑧「リトルツインスターズ 年賀ハガキ」(1976) ⑨「マイメロディ ポチ袋」(1976) ⑩「チアリーチャム リングメモ帳」(1987) ⑪「チアリーチャム メモ帳」(1986) ⑫「チアリーチャム メモ帳」(1986) ⑬「ボタンノーズ ノート」(1984) すべてサンリオ

⑤〜⑧「サンリオ」といえば季節ごとのグリーティングカード☆かわゆいカードやはがきがお店にズラリと並んでいて、選ぶのが楽しみだった。⑮〜㉒の封筒は、ゆかしなもんが最も古くから持っている秘蔵のサンリオグッズ☆何度も引っ越ししたけど残ってきたという奇跡の品！

⑭「リトルツインスターズ レターセット」〈1984〉⑮「リトルツインスターズ 封筒」〈1976〉⑯「リトルツインスターズ 封筒」〈1976〉⑰「リトルツインスターズ 封筒」〈1976〉⑱「くま 封筒」〈1979〉⑲「クッキング 封筒」〈1979〉⑳「マイメロディ 封筒」〈1976〉㉑「ララバイラバブルズ 封筒」〈1976〉㉒「バビーラブ 封筒」〈1979〉㉓「クイックワックス 封筒」〈1979〉すべてサンリオ

①「タキシードサム 時計」〈1979〉 ②「タキシードサム 爪切り」〈年代不明〉 ③「ハローキティ クッキー缶」〈1976〉 ④「リトルツインスターズ ミニスタンド」〈1976〉 ⑤「ハウディ（キッズベア）プラチェスト」〈1985〉 ⑥「セブンシリードワーフ ハンディケース」〈1979〉 ⑦「ハローキティ 腕時計」〈1976〉 ⑧「リトルツインスターズ 腕時計」〈1976〉 ⑨「ハローキティ 腕時計」〈1976〉 ⑩「リトルツインスターズ ランチバッグ」〈1976〉 ⑪「ハローキティ お菓子袋」〈1976〉 ⑫「バニー＆マッティ ランチバッグ」〈1975〉 すべてサンリオ

サンリオの刊行雑誌「リリカ」で76年から連載されていた、手塚治虫先生の「ユニコ」。ゆかしなもんは81年公開のファンタジーアニメ映画「ユニコ」を観たその日から、ユニコ命になってしまったのであった！⑬珍しい（？）陶器製のマスコット。⑰上履き入れ。大人になったらまったく使い途がないが、とってもキュート！⑲⑳魔女猫チャオちゃんや悪魔くんのポーズも愛らしいハンカチ。

⑬「ユニコ 陶器製マスコット」〈1977〉⑭「ユニコ 缶ペンケース」〈1977〉⑮「ユニコ シール」〈1977〉⑯「ユニコ 封筒」〈1977〉⑰「ユニコ シューズバッグ」〈1977〉⑱「ユニコ ぬりえセット」〈1984〉⑲「ユニコ ハンカチ」〈1977〉⑳「ユニコ ハンカチ」〈1977〉すべてサンリオ

①「ハローキティ ハンカチ」〈1976〉②「マイメロディ ハンカチ」〈1976〉③「リトルツインスターズ ハンカチ」〈1983〉④「タイニーポエム ハンカチ」〈1976〉⑤「スモールピープル ハンカチ」〈1976〉⑥「ボタンノーズ ハンカチ」〈1976〉⑦「親子ねずみの不思議な旅 ハンカチ」〈1976〉⑧「どうぶつコマ ハンカチ」〈1983〉⑨「セブンシリードワーフ ハンカチ」〈1983〉すべてサンリオ

⑩「パピーラブ ハンカチ」〈1979〉 ⑪「サボードビルデュオ ハンカチ」〈1983〉 ⑫「ニャニィニュニェニョン ハンカチ」〈1985〉 ⑬「ハンギョドン ハンカチ」〈1985〉 ⑭「ハンギョドン ハンカチ」〈1988〉 ⑮「みんなのたあ坊 ハンカチ」〈1990〉 ⑯「ノラネコランド ハンカチ」〈1986〉 ⑰「フレッシュパンチ タオルハンカチ」〈1981〉 すべてサンリオ

ハーイ、チャバ！（いちご王国語で"こんにちは"）「いちご新聞」は、75年から発行されているサンリオの月刊紙。グッズの最新情報や人気キャラクターのひみつ、読者の投稿コーナーなど、全国のいちごメイトのアツ〜い気持ちに応える充実した内容！いちごの王様の「世界中みんな仲良く」のメッセージは、今も心に沁みるよね。当時はまだポピュラーではなかったイースターやハロウィンを教えてくれたのも「いちご新聞」だった。80年代に多く見られたシールやハンカチ、バッジなどのふろくは、今も宝物だよ☆

①「いちご新聞 1981年 NO.159」〈1981年〉②「いちご新聞 1982年 NO.170」〈1982〉③「いちご新聞 1984年 NO.194」〈1984〉④「いちご新聞 1984年 NO.195」〈1984〉⑤「いちご新聞 1985年 NO.208」〈1985〉⑥「いちご新聞 1988年 NO.246」〈1988〉⑦「いちご新聞 1989年 NO.251」〈1989〉⑧「いちご新聞 1989年 NO.253」〈1989〉⑨「いちご新聞 1989年 NO.254」〈1989〉⑩「いちご新聞 1989年 NO.255」〈1989〉⑪「いちご新聞 1989年 NO.262」〈1989〉⑫「いちご新聞 1989年 NO.262」〈1989〉すべてサンリオ

COLUMN 3 ぬいぐるみ♡愛

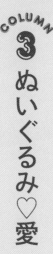

ディズニーやアニメのキャラクター、メルヘンな動物……。昭和の時代は、バラエティに富んだぬいぐるみがあふれていました。2歳ころの自分の古いスナップ写真を見ると、いつも片手にねずみのぬいぐるみを持っています。母に聞いてみると、とにかくそのねずみがお気に入りで、どこへ行くにも離さなかったとか。それが、私の「ぬいぐるみ人生」の始まり。アニメ「若草のシャルロット」（1977年）に出てくる「スピカ」というハムスターのぬいぐるみには、姉妹そろってドハマリ！ 手垢で薄汚れ、よだれでガビガビになるまで遊びました。

1981年、「おはよう！スパンク」のアニメが放映スタート。デパートのおもちゃ売り場の棚一面にスパンクのぬいぐるみが大中小さまざま、ぎっしり並べられていた輝かしい光景をいまだに覚えています。欲しくて欲しくてたまらなかった！ うちにあるスパンクは、もう色あせて黄ばんでいるけど、いまでも大切な「友だち」、いや「親友」です。

小学4年生のころ、ぬいぐるみがさらに増殖できてからは、夢のマイルームん、「ひらけ！ポンキッキ」のガチャピン＆ムック、当時ブームだった「ゴジラ」などなどジャンルはめちゃくちゃ……。なかでも「フィリックス・ザ・キャット」は一番のお気に入り！ お年頃（？）の高校生になってもずーっとベッドで一緒に寝ていた、ある意味、最初の「恋人」なのです☆「うちのタマ知りませんか？（タマ＆フレンズ）」の巨大すぎるタマのぬいぐるみは、父からのプレゼント。「部屋が狭いのに、こんな大きなもん買ってくるなよ」と当時はちょっと邪魔者扱いだったのが、今やゆかしなもんのイベントでは欠かせないマスコット的存在になっていて、貴重な宝物。今さらだけど、パパありがとう！

YUKACINNAMON

おはよう！スパンク

雪室俊一原作・たかなし♡しずえ漫画による、ドジ犬スパンクとヒロイン・愛ちゃんをめぐる涙と笑いの物語。「なかよし」（講談社）で78～82年まで連載され、81年にはテレビアニメにもなり、女の子の間で大ブームになった名作☆スパンクのモデルはオールド・イングリッシュ・シープドッグという、毛のふさふさした犬なんだとか！

①ミニ色鉛筆セット〈1981〉
②おりがみ〈1981〉 ③下敷き〈1979〉 ④ノートパッド〈1979〉
⑤ノートパッド〈1979〉⑥缶ペンケース〈年代不明〉すべてポピー（現・バンダイ）

⑦おべんきょうセット〈1981〉⑧らくがきセット〈1981〉
⑨メモちょうセット〈1981〉⑩でんごんばんセット
〈1981〉⑪定規〈1979〉⑫定規〈1979〉⑬定規
〈1979〉⑭定規〈年代不明〉⑮定規セット〈1981〉す
べてポピー（現・バンダイ）

①ナフキン〈1981〉②ナフキン〈1981〉③ハンカチ〈1980〉④ナフキン〈1981〉⑤タオルハンカチ〈年代不明〉⑥ハンカチ〈1980〉⑦ナフキン〈1981〉すべてポピー（現・バンダイ）

⑧ハンカチ〈1980〉 ⑨ハンカチ〈1981〉 ⑩ハンカチ〈1981〉 ⑪ハンカチ〈1980〉 ⑫ハンカチ〈1980〉 ⑬ハンカチ〈1981〉 ⑭ハンカチ〈1981〉
⑮ハンカチ〈1980〉 すべてポピー〈現・バンダイ〉

①ペンダント兼用腕時計〈1981〉 ②くし〈1981〉 ③ペーパーソープ〈1981〉 ④化粧パフ〈年代不明〉 ⑤ペンダント〈1979〉 ⑥イヤリング〈年代不明〉 ⑦指輪〈年代不明〉 ⑧ブローチ〈1979〉 ⑨ブローチ〈1979〉 ⑩陶器製ブローチ〈1981〉 ⑪缶バッジ〈年代不明〉 ⑫ミニがま口〈年代不明〉
すべてポピー（現・バンダイ）

さっすが女の子に人気のスパンク、おしゃれ系アイテムが充実～！③は携帯用の紙石けん、④はなんと化粧パフなのだ☆⑤⑧スパンクは変装がお得意。スーパーマンに変身した姿はファンにはおなじみ！

⑬ハンカチ〈1979〉⑭ハンカチ〈1979〉⑮ハンカチ〈1978〉⑯ハンカチ〈1978〉すべてポピー（現・バンダイ）

②③④はたかなし先生もお気に入りだという小さなフィギュア♡⑥⑦は日本栄養食品から発売されていたふりかけ。スパンクの頭の帽子がフタになっていて、容器部分はガラス製。食べ終わったらティーカップや花瓶になるという優れもの！しかもちゃんとスパンクのレリーフが入っているのだ☆

①ハンカチ入りポシェット ポピー〈現・バンダイ〉〈1981〉②ソフビ製フィギュア ポピー〈現・バンダイ〉〈年代不明〉③ソフビ製フィギュア ポピー〈現・バンダイ〉〈年代不明〉④ソフビ製フィギュア ポピー〈現・バンダイ〉〈年代不明〉⑤マグカップ ポピー〈現・バンダイ〉〈1981〉⑥ふりかけ ポピー〈現・バンダイ〉・日本栄養食品〈1981〉⑦ふりかけ ポピー〈現・バンダイ〉・日本栄養食品〈1981〉

⑧〜⑪昭和名物(?)、懐かしのルームプレート♡⑫いろんな衣装を着た、大きさもさまざまなスパンクのぬいぐるみがたっくさん売られていたのだ！⑬は「こっちみてスパンク」というポシェット入りのシリーズ。⑭お正月の風物詩・かるたは、すべてのイラストがたかなし先生の描き下ろしという豪華版。

⑧ルームプレート「ダイエット中！」(1981) ⑨ルームプレート「レストルーム」(1981) ⑩ルームプレート「パーティー会場はこちらヨ！」(1981) ⑪ルームプレート「ショッピングでーす！」(1981) ⑫ぬいぐるみ(1981) ⑬ポシェット入りぬいぐるみ(1981) ⑭かるた(1981) すべてポピー(現・バンダイ)

COLUMN 4
少女漫画ふろくベスト！

私と姉は少女漫画が大好き！ 姉は「おはよう！スパンク」好きの「なかよし」（講談社）ファン、私は最強乙女ちっく♡な「りぼん」（集英社）のファン。とてつもなく姉妹仲が悪かったために、お互いに雑誌を貸し借りすることなどなく、それぞれの雑誌の担当として（笑）、日々対立を深めていました。

「りぼん」のふろくはハイセンスかつまさに実用的で、とっても自慢だったけれど、横目でチラッと盗み見る「なかよし」のふろくがあまりにもカラフルかつ豪華で、スパンクのふろくも可愛くて……姉がうらめしくて仕方がなかった。そしてその後、「ちゃお」（小学館）に出会い、'80s「ちゃお」独特のふろくワールドにハマっていくのです……。

読者への「愛」と「サービス」があふれていた、名門御三家の懐かしの名作ふろくを選んでみました☆

1位!!
「なかよし ギャルズ百科シリーズ」

1980年～1984年（イラスト：あべゆりこ 他）
もはやレジェンド級の、ひみつの自己啓発本シリーズ全10冊。スター漫画家による可愛いイラストや乙女のロマンあふれる内容で、読者の心をわしづかみに！

なかよし（講談社）

55年創刊の、現存する最古参の少女漫画誌。「キャンディ♡キャンディ」「おはよう！スパンク」「わんころべえ」など漫画史に残る名作を多数輩出。あさぎり夕、高杉菜穂子なども人気があった。

YUKACINNAMON

COLUMN 4

2位!
「イラストレーションギャラリー」

写真は1980年9月号「ファンタスティック イラスト カード集 Viva! Cooking 24」(ケースイラスト:高橋千鶴、中面イラスト:佐藤まり子、高橋千鶴、原ちえこ 他)
豪華な紙ケース入りの美麗なイラストセットも「なかよし」の真骨頂。憧れの先生方の画力に感動！裏側のお菓子やドリンクのレシピもドリーミィでときめくの♡

3位!
「ポケットティッシュ」

1978年〜1989年(イラスト:あべゆりこ 他)
プリント柄付きだったり、香り付きだったり、すご〜く小さかったり。「なかよし」のティッシュは売り物だよね？と勘違いするほどクオリティが高かった。

番外編
「レターセット」

写真は上から1983年6月号「ドリームびんせん＆フェアリーふうとう」(イラスト:さこう栄)、1982年6月号「夕くんのラブリーレターセット」(イラスト:あさぎり夕)
ふろくの定番ともいえるレターセットは、パッケージもセット内容も便せんの形なんかも、とにかく可愛くってディテールまで凝ってた！これはもったいなくて使えない…。

YUKACINNAMON

COLUMN 4

りぼん（集英社）

55年創刊。通称「250万乙女のバイブル」☆70年代後半には田渕由美子、陸奥A子先生らによる「乙女ちっく」ブームが到来！82年連載開始の池野恋「ときめきトゥナイト」は3世代から愛される名作。

1位!!
「池野恋先生『ときめきトゥナイト』グッズ」

写真は左手前1982年9月号「ときめきトゥナイト 100ページ・ワイド版別冊」、左奥1983年8月号「プールバッグ」他
「ときめき～」のふろくに出会ったときの衝撃は凄かった。どれもイラストがカラフルできれいで可愛くて、しかもセンスが抜群と来た！バッグやノート、組み立てふろく…いろいろあったね☆

2位！
「児童用トランプ」

写真は左から1982年12月号「ランゼ・アニメトランプ」（イラスト：池野恋）、1981年1月号「ファッショナブルトランプ」（イラスト：小椋冬美）、1984年9月号「スイートカップルトランプRIO&RYO」（イラスト：本田恵子）
「りぼん」の目玉ふろく、児童用トランプは、夏休みや冬休み前に付いてくることが多かった。人気の先生方による描き下ろしイラストが豪華で、テンションが上がったよね〜♡

3位！
「ダイアリー＆カレンダー」

写真は左から1985年1月号カレンダー（1-2月イラスト：本田恵子）、1983年1月号ダイアリー（表紙イラスト：小椋冬美）、1984年1月号ダイアリー（表紙イラスト：萩岩睦美）
こちらも名物ふろく！毎年どんなカレンダーなのかが楽しみで、自分の部屋に飾ってたな☆ダイアリーはオシャレでつくりもしっかりしてて、大人になった今でも使いたいほど♡

池野恋先生：「cookie」（集英社）にて「ときめきまんが道」を連載中／本田恵子先生：「Jourすてきな主婦たち」（双葉社）で「レオとぷーの忘れもの」連載中／小椋冬美先生：最新刊「ラブ・ライフ」（集英社クリエイティブ）発売中／萩岩睦美先生：最新刊「遠くの村から来たリリヤ」（集英社クリエイティブ）発売中（2017年1月現在）

YUKA CINNAMON

©池野恋／集英社　©本田恵子／集英社　©小椋冬美／集英社　©萩岩睦美／集英社

COLUMN 4

ちゃお(小学館)

77年創刊。今でこそ少女漫画誌売り上げナンバーワンだが、当時、部数では他の2誌に及ばなかった。だが、上原きみこ、赤石路代、惣領冬実、川原由美子、あだち充など豪華すぎる作家陣は「ちゃおっ娘」の自慢だった。

1位!!
「聖 鈴子先生グッズ」

写真は左手前1981年9月号「星うらない 恋ピューター」、真ん中1982年3月号「フォトアルバム」他
「ちゃお」のギャグマシーンこと、聖 鈴子先生のふろくは激レアで、今やなかなか手に入らない☆作家性の高かった「ちゃお」の中でも"りんごちゃん"は異色の存在で、「ちゃおっ娘」に愛された。

3位!
「ジャンボ(ビッグ)シール」

写真は1981年〜1984年ごろ
80年代前半のアイドル全盛期は他誌でもアイドルふろくが付くことがあったが、「ちゃお」も然り。その名のとおりジャンボすぎるシールがおもしろくて好き♡

2位!
「マイラブコミックス」

1984年〜1987年ごろ(イラスト:あらいきよこ 他)
84年ごろから、コミックスまるごと1冊がふろくに!「○大ふろく」が主流だった時代に、これは思い切った決断。少女漫画雑誌としての「ちゃお」の気合い、しかと受け取ったぜ☆

YUKACINNAMON

CATEGORISED BY STATIONERY PRODUCTS & SUNDRY GOODS

'80sガールズライフに欠かせないド定番のアイテムから、
夢いっぱいのめるへんしおり&はがき、懐かしのガールズトイまで一挙公開♡
思わぬレアキャラが隠れているかもよ〜!

Memo pad
メモ帳

ケータイもパソコンもない時代、メモ帳は'80sギャルにとって重要なコミュニケーションツールだった。「さっき、○○クンと目があったよ〜ん！ドキ×2」「部活の帰り、ソフトクリーム食べに行こおよ☆」といった他愛もないことを伝えるために、少女たちは授業中に先生の目を盗みつつ、命がけでメモを回覧していたのだ！

②

①

③

①「おもしろアンケート」セイカノート（現・サンスター文具）（年代不明）②「ただいま○○中」セイカノート（現・サンスター文具）（年代不明）③「おさそいチケット」サンエックス（1988）

友人への回覧を目的としたメモ帳は当時大人気で、いろいろなメーカーから出ていた。フルカラーでとにかくにぎやか＆コンテンツが充実！約束系、ジョーク系、メッセージ系などがあり、各社が工夫を凝らした内容で楽しかったよね☆表紙の記入例のオモシロさにも注目～！

④「ねぇねぇ きいてきいてっ！」エヌビー社 ⑤「まちあわせmemo」エヌビー社 ⑥「おすすめします」エヌビー社 ⑦「返してねっ！」エヌビー社 ⑧「おこってるんだぞ!!」エヌビー社〈すべて年代不明〉

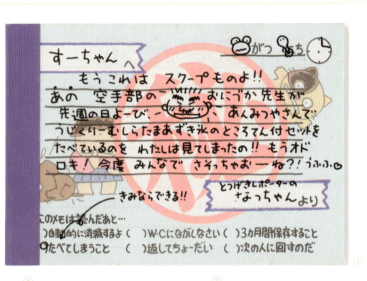

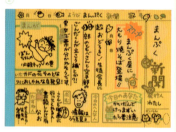

①「マル秘メモ」〈1985〉 ②「○○新聞」〈1989〉 ③「○○会員証」〈1985〉 ④「招待状メモ」〈1985〉 ⑤「賞状メモ」〈1985〉 すべてサンリオ

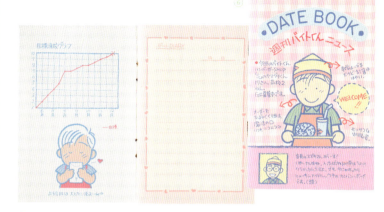

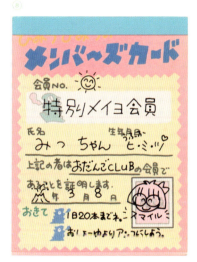

⑧友だち同士で秘密のメンバーズカードが作れちゃう、おもしろメモ。そういえば昔作ったよな〜、「○○先輩ファンクラブ」とか、勝手に(笑)！

⑥「週刊バイトくんニュース」(1985) ⑦「あみだめも」(1985) ⑧「メンバーズカード」(1989) ⑨「仲良し倶楽部 納涼メモ」(1986) すべてサンリオ

113

①「熱血甲子園」エヌビー社 ②「契約書メモ」エヌビー社 ③「お願いメモ」ユーカリ社 ④「ENSY KIDS」ユーカリ社 ⑤「ぶりっこmemo」エヌビー社 ⑥「○○のザ★ベスト10メモ」エヌビー社〈すべて年代不明〉

⑦「学園マル秘ふらいでー」東洋紙工（現 トーヨー） ⑧「原宿CLUB ふぁっしょんMAP」セイカノート（現・サンスター文具） ⑨「CRUSH GALS」サンスター文具 ⑩「CALORIEメモ（請求書・領収書・借用書）」ペニス ⑪「おちこぼれのWA!!」セイカノート（現・サンスター文具）〈すべて年代不明〉

①「CARAMEL BOY」ユーカリ社〈年代不明〉 ②「TURBOY」トンボ鉛筆・手塚プロダクション〈年代不明〉 ③「SPORTS KIDS」学習研究社(現・学研ステイフル)〈年代不明〉 ④「GANBARI KIDS」ミドリ(現 デザインフィル)〈1987〉⑤「A.H.O.」ユーカリ社〈年代不明〉

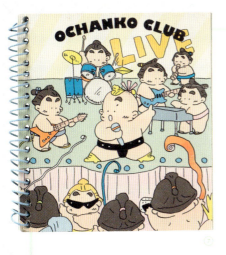

⑥「Childish」ジャパンクラフト〈年代不明〉 ⑦「OCHANKO CLUB」ベニス〈年代不明〉⑧「わんぱくらんど」ミドリ〈現・デザインフィル〉(1985) ⑨「HONEY DROP」ミドリ〈現・デザインフィル〉(1983) ⑩「MILKY GIRL」BIG ONE&FINE CREATIVE〈年代不明〉 ⑪「NIPPON NO FUYU」サンエックス(1987) ⑫「キャラメル日記」コクヨ〈年代不明〉

Notebook

100円で買える、ファンシー文具の代表格！交換日記をはじめ、自作の恥ずか死ポエムや少女漫画を書きなぐる、好きな歌手の歌詞をひたすら書き写す…など当時の少女たちは燃えたぎる創作意欲をかわゆいノートに日夜ぶつけていたのであった！

80年代中ごろから多く出始めたのが、全ページ中身が違うアトラクション型ノート！こちらはノートの真ん中を分断するように「感動のみじかる　幸福の使者ちうりっぷ仮面」という物語が繰り広げられている。ノートとしての使い勝手はさておき、とにかく楽しいことが重要よ☆

⑴「ちゅうりっぷめいと」サンリオ（1986）

「良い子倶楽部」のノートの登場は、衝撃的事件だった。4コマ漫画、パラパラ漫画、占い、間違いさがし…。ノートというより、もはや雑誌のような充実したコンテンツ！

②「良い子倶楽部」(1986) ③「仲良し倶楽部 第6号」(1988) すべてサンリオ

クスッと笑えるおもしろ系ノートが人気だった。④は聖飢魔Ⅱかぶれの中学生というコンセプトの「学期魔Ⅱ」。なんと表紙の十字架部分に蓄光加工が施されており、暗闇で光るのだ。⑤⑥は「少年ヒミツたんてい団」という設定で、仲良しの友だちへのひみつの伝言に使える暗号表付き！

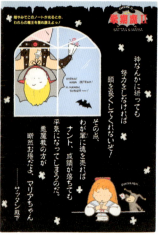

①「へんさちくん」セイカノート（現・サンスター文具）　②「がっこシリーズ マネージャー すもう部のさっちゃん」ベニス　③「おそーじライバル」三菱鉛筆　④「学期魔Ⅱ」クツワ（すべて年代不明）

⑤「少年ヒミツたんてい団 それは
ヒミツです」サンエックス〈1984〉
⑥「少年ヒミツたんてい団 それは
ヒミツです」サンエックス〈1984〉

①「キャラメル日記」コクヨ ②「COMIC NOTE 胸・ドキ！ウキウキ Part1」アーバン（すべて年代不明）

③「先生がきたぞっ!」ソニー・クリエイティブプロダクツ〈1984〉④「ハ〜イ ひょうきんケントJr.どぅーす」セイカノート(現・サンスター文具)〈年代不明〉

①「POPPO WEAR」コクヨ〈年代不明〉 ②「TURBOY」トンボ鉛筆・手塚プロダクション〈年代不明〉 ③「Z・O・O」セイカノート（現・サンスター文具）〈年代不明〉 ④「BUCHIINU」サンエックス〈1984〉

86年ごろのガールズ文具業界は、ファンシーテクノロジーの進化により「香りもの」がブームに。⑩は甘いガムボールの香り付き〜！⑫⑬は温かみのあるクレヨンタッチが人気だった「ペンシルクラブ」♡

⑤「BOO PARADE」サンエックス〈1986〉 ⑥「ぱ・ぴ・ぷ・ぺBoo〜！」サンエックス〈1985〉 ⑦「PETIT FRUITY」サンエックス〈1984〉 ⑧「ミケネコ本舗」サンエックス〈1988〉 ⑨「GOZANEKO」サンエックス〈1986〉 ⑩「SAMMY'S SWEETS」トンボ鉛筆〈年代不明〉 ⑪「PETIT MENU」サンエックス〈1984〉 ⑫「ペンシルクラブ」サンエックス〈1984〉 ⑬「ペンシルクラブ」サンエックス〈1984〉

Pencil
鉛筆

可愛い鉛筆って、どうして集めたくなってしまうんだろう。形も、定番の六角形や丸、三角から、四角、星形まであった☆さらに、天面に消しゴムが付いていたり、小さ～くキャラの型押しがあったり、芸が細かい！ボディがすご～く太いものや長いもの、ぐにゃっと曲がるくねくね鉛筆（？）といったオモシロ系も…。フルーツの香り付き鉛筆なんてのもあって、ファンシーテクノロジーの進化に驚かされたっけ！

③カーリーヘアの女の子「ピーク・ア・ブー」(77年)の四角形の鉛筆♡ ⑪パンツの柄のおもしろ鉛筆！⑫５歳ぐらいかな、初めて星形の鉛筆に出会ったときは衝撃だった。コレどうやって作ってるの〜？⑯⑲木目を生かして、透明なフィルムを貼ったタイプもナチュラルで好きだった〜☆

①「NYAN2 TOWN」ユーカリ社〈年代不明〉②「ファンカムアライブ」サンリオ〈1986〉③「ピーク・ア・ブー」サンリオ〈1977〉④「ロンリーリトルフォックス」コクヨ〈年代不明〉⑤「カントリーフレッシュベジーズ」サンリオ〈1986〉⑥「LIVE IN HARMONY」コクヨ〈年代不明〉⑦「マリンスカウツ」ソニー・クリエイティブプロダクツ〈1982〉⑧「いたいぞお」ソニー・クリエイティブプロダクツ〈1984〉⑨「かおり付き POPS CLUB」クツワ〈年代不明〉⑩「KUN-KUN-MIX」クツワ〈年代不明〉⑪「Hなえんぴつ」コクヨ〈年代不明〉⑫「STAR CRYSTAL」メーカー不明〈年代不明〉⑬「わたしのかみさま」メーカー不明〈年代不明〉⑭「KANTAN MASCOT」クツワ〈年代不明〉⑮「ギミーファイブ」サンリオ〈1985〉⑯「カントリーフレッシュベジーズ」サンリオ〈1985〉⑰「星座のティンクルちゃん」三菱鉛筆〈年代不明〉⑱「ギミーファイブ」サンリオ〈1986〉⑲「MASK MATE」サンエックス〈1985〉⑳「A.C. GODZILLY」ソニー・クリエイティブプロダクツ〈1985〉

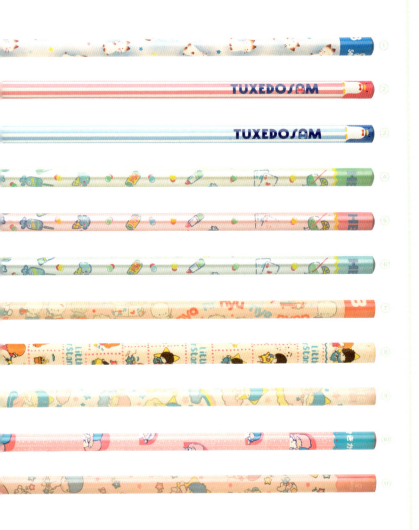

①「メローチューン」(1983) ②「タキシードサム」(1979) ③「タキシードサム」(1979) ④「フレッシュパンチ」(1979) ⑤「フレッシュパンチ」(1979) ⑥「フレッシュパンチ」(1979) ⑦「ニャニィニュニェニョン」(1986) ⑧「リトルツインスターズ」(1976) ⑨「リトルツインスターズ」(1983) ⑩「リトルツインスターズ」(1983) ⑪「リトルツインスターズ」(1986)　すべてサンリオ

⑫「ハローキティ」〈1986〉 ⑬「ハローキティ」〈1985〉 ⑭「チアリーチャム」〈1985〉 ⑮「チアリーチャム」〈1985〉 ⑯「チアリーチャム」〈1985〉 ⑰「チアリーチャム」〈1987〉 ⑱「クラフティクルー」〈1984〉 ⑲「けろけろけろっぴ」〈1989〉 ⑳「ボ・ボクねずみ小僧だい!」〈1985〉 ㉑「セブンシリードワーフ」〈1979〉 ㉒「ザ ラナバウツ」〈1985〉 すべてサンリオ

Eraser
消しゴム

消しゴムって不思議。まるでお菓子みたいに美味しそうだし、お守りみたいに小さくて可愛いの。ファンシー文具の中でも、メーカーの遊び心や造形のオモシロさが最も生かされていたのが消しゴムだったように思う。あの甘〜い香りをかぐと、懐かしのスクールライフを思い出してしまうよね！

①「ザ ボードビルデュオ」〈1985〉②「ザ ボードビルデュオ」〈1986〉③「ザ ボードビルデュオ」〈1984〉④「セブンシリードワーフ」〈1979〉⑤「NEKO TOTTO」〈1985〉⑥「あひるのペックル」〈1990〉⑦「パピーラブ」〈1985〉⑧「CHIBIKURE Co.」〈1985〉⑨「タキシードサム」〈1984〉⑩「ザシキブタ」〈1985〉⑪「みんなのたあ坊」〈1987〉⑫「タキシードサム」〈1979〉⑬「タキシードサム」〈1979〉⑭「タキシードサム」〈1979〉⑮「ニャニィニュエニョン」〈1985〉⑯「ブーギーウー」〈1985〉⑰「ホリーズベア」〈1986〉すべてサンリオ

⑱ナチュラルテイストな「ザシキブタ」にぴったりの、砂消しゴム風デザイン。⑲これは珍しいリップスティック形。消すのがもったいないぐらいキュート♡ ㉒㉓㉔鉛筆の先端に付けられるように穴があいているよ。㉗「ハンギョドン」と大の仲良し、さゆりちゃん！㉙まるで小さなドロップみたいな、星形のケース入り☆

⑱「リトルツインスターズ」〈1984〉⑲「フレッシュパンチ」〈1984〉⑳「けろけろけろっぴ」〈1989〉㉑「コロビカドン」〈1984〉㉒「リトルツインスターズ」〈1979〉㉓「タキシードサム」〈1979〉㉔「ハローキティ」〈1979〉㉕「スニーカー字消し」〈1976〉㉖「ギミーファイブ」〈1985〉㉗「ハンギョドン（縁結びタコ字消し）」〈1985〉㉘「メローチューン」〈1984〉㉙「ザ ボードビルデュオ」〈1985〉㉚「ノラネコランド」〈1987〉㉛「クラフティクルー」〈1984〉㉜「セブンシリードワーフ」〈1979〉すべてサンリオ

①「キャンディじけし」クツワ〈年代不明〉 ②「♡キャット」シード〈1984〉③「別冊マーガレット」メーカー不明〈年代不明〉 ④「フレンド」メーカー不明〈年代不明〉 ⑤「キューピッド形消しゴム」メーカー不明〈年代不明〉 ⑥「UFO」シード〈1983〉 ⑦「ソフトクリーム形消しゴム」クツワ〈年代不明〉 ⑧「GOD LAND」メーカー不明〈年代不明〉 ⑨「香り付きポップ・イレイサー」「ザ★イレイサー・バー」三菱鉛筆〈年代不明〉 ⑩「500円玉字消し」メーカー不明〈年代不明〉 ⑪「コアラハウス」シード〈1985〉 ⑫「FATTY BEAR」学習研究社（現・学研ステイフル）〈年代不明〉 ⑬「PICHI ERASER」メーカー不明〈年代不明〉 ⑭「チョコメイトじけし」クツワ〈年代不明〉 ⑮「ミルク瓶字消し」クツワ〈年代不明〉

⑮楽しい型抜きタイプ。パズルみたいに遊べちゃう。⑬⑭こんなブック形の消しゴムも流行ったよね。⑬⑭美味しそ〜う！だけど食べられないヨ。⑮'80sといえばミルク瓶モチーフ♡ ⑰83年にデビューした「ハニードロップ」という女の子キャラ。㉒コロコロ転がして遊べるゲーム付き〜☆

⑯「星座ねり消しゴム（アーモンドの香り・双子座、ノレ　ノレ　ノの香り　射手座）」ラビット（年代不明）⑰「ハニードロップ」ミドリ（現・デザインフィル）（1983）⑱「ワンダークラブ」シード（1985）⑲「COLORS CRAYON」クツワ（年代不明）⑳「クッキーズ消しゴム」ペ■.メ（年代不明）㉑「Campus」コクヨ（年代不明）㉒「コロリンシックス」ラビット（年代不明）㉓「つぶつぶメロン」ヒノデワシ（年代不明）㉔「おしゃれノート消しゴム」レモン社〈年代不明〉㉕「おんがくのノート」「さんすうのノート」レモン社〈年代不明〉㉖「ピニームー」サンエックス（1990）㉗「オット・トット」コクヨ（年代不明）㉘「ファッドボーイ」ユーカリ社（年代不明）㉙「デイジーズリトルストーリー」サンリオ（1977）

①「ハッピーじけし」クツワ〈年代不明〉 ②「男の子・女の子消しゴム」ユーカリ社〈年代不明〉 ③「CHAMY」ミツカン〈年代不明〉 ④「たーざんこぞう」コクヨ〈年代不明〉 ⑤「Pretty Goo」リリック〈年代不明〉 ⑥「星座のティンクルちゃん」三菱鉛筆〈年代不明〉 ⑦「KISS♡」メーカー不明〈年代不明〉 ⑧「クスリ形消しゴム」クツワ〈年代不明〉 ⑨「鬼たいじ」シード(1989) ⑩「がんばれタコくん」レモン社〈年代不明〉 ⑪「BLOCK TOWN」コクヨ(1983) ⑫「エイドじけし」クツワ〈年代不明〉 ⑬「カッパのキューキュー」サンスター文具〈年代不明〉 ⑭「NEKO KONEKO」学習研究社(現・学研ステイフル)〈年代不明〉 ⑮「プランプ ペンギン」シード(1986) ⑯「男の子形消しゴム」ミドリ(現・デザインフィル)〈年代不明〉

⑫絆創膏風のオモシロ消しゴム。「心のキズは消せません」！ ⑬ぬいぐるみメーカーのセキグチから出ていた「カッパのキューキュー」が消しゴムになった。⑰リボンのレリーフがロマンチック〜♡ ㉒もちろん香りはスカッと爽やか、コカ・コーラ☆ ㉔まるで本物のカセットテープみたい！

⑰「CHECK RIBBON」コクヨ〈1985〉 ⑱「SIGN IS B・E・E」サンエックス〈1986〉 ⑲「MILK SNAPPY」サンエックス〈1986〉 ⑳「数字が出た先生」学習研究社（現・学研ステイフル）〈年代不明〉 ㉑「ペンベンフィールド」クロワシ〈年代不明〉 ㉒「コカ・コーラ消しゴム」メーカー不明〈年代不明〉 ㉓「Oh! Tankdaddy」コクヨ〈1981〉 ㉔「カセットテープ消しゴム」シード〈1984〉 ㉕「やったぁ！晴れたっ！」ソニー・クリエイティブプロダクツ〈1984〉 ㉖「Make up FUNNY」クツワ〈年代不明〉 ㉗「レモンヴィレッジ」学習研究社（現・学研ステイフル）〈年代不明〉 ㉘「FUL FUL MOON」ヒノデワシ〈年代不明〉 ㉙「星座のティンクルちゃん」三菱鉛筆〈年代不明〉 ㉚「タイニーキャンディ」学習研究社（現・学研ステイフル）〈年代不明〉 ㉛「ざわざわ消しゴム」ミツカン〈年代不明〉

Pencil Case
缶ペンケース

スクールライフに欠かせない道具は数あれど、ペンケース選びにこそ情熱を注いだ女の子も多いのでは☆缶ペンのフタ裏には、アイドルのシールで作ったお手製のマグネットやボンドで文字を描いて乾かしたものを貼ったり、まさに女の子の「箱庭」だった！

①「ペンシルクラブ」サンエックス〈1985〉 ②「リトルミント」ユーカリ社〈年代不明〉 ③「スクールトリップ」ミドリ（現・デザインフィル）〈1986〉 ④「おちゃめ学園」ユーカリ社〈年代不明〉

①素朴なクレヨンタッチの「ペンシルクラブ」だが、缶ペンまでがクレヨン形に！中皿のサン太くんの落書きがかわゆい。③④当時は学校生活や先生をモチーフにした柄がけっこう流行っていたのよね。⑦缶のメタル感を生かしたスタイリッシュなデザイン。さっすが、おしゃれな「パピーラブ」♡

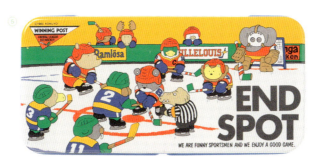

⑤「WINNING POST」コクヨ〈1983〉 ⑥「NYANNEES」ミドリ（現・デザインフィル）〈1982〉 ⑦「パピーラブ」サンリオ〈1983〉

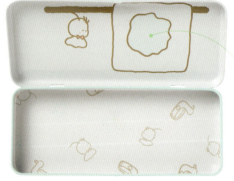

①「あるばいとぼーいず」ミドリ（現・デザインフィル）〈1985〉②「Pretty Goo」リリック〈年代不明〉③「やっちまった!!」ユーカリ社〈年代不明〉④「みちざねくん」サンスター文具〈年代不明〉

①知る人ぞ知る…「あるばいとぼーいず」!③フタの内側に、女の子のマスコットを付けることができる!
④受験生はマストハブ!な「みちざねくん」。⑤トイレットペーパー風のロールメモが付いてるのが笑える
☆⑦80年代後半にはゲーム付きのペンケースが続々登場。つい授業中にやってしまいそう。

⑤「OTOILE KID'S」サンリオ ⑥「オニのパンツ」シグナル ⑦「ダンスパーティゲームセルペン」クツワ (すべて年代不明)

①「SALAD RED」レイメイ〈年代不明〉②「ぱ・ぴ・ぷ・ぺ Boo〜!」サンエックス〈1985〉③「ペペンペンペン」学習研究社（現・学研ステイフル）〈年代不明〉

Pen & Mechanical pencil
ペン&シャーペン

中学生になって、鉛筆からシャーペンに変えたとき、ちょっとお姉さん気分になったのを覚えている。ただ文字が書ければよい、というものではなく、私たちはこのかくも細きペンやシャーペンに、究極の可愛さを求めたのであった☆ラブリーなペンは、いつだってペンケースのなかの主役だから♡

①〜⑪はサンエックスの人気シリーズ「わくわくコレクション」(86年〜)!ペンをノックすると中身の軸がクルクルと回り、占いやゲームができちゃうおもしろペン。そのイラストのユルさも、エッジの効いた内容も絶妙な、80年代を代表する名作☆

①「必殺 野球の拳」②「今日はなにをする?」③「AMIDA ADVENTURE」④「あなたにぴったりのスポーツ占い」⑤「あなたは将来○○になる!!」⑥「ANTA TACHIWA, NANIMONO!?」⑦「ほんとの体重、しってるよー」⑧「きょうの胃袋の調子は?」⑨「今日のONE POINT MESSAGE FOR YOU !」⑩「知っててよかった MOTEMOTE マル秘テクニック」⑪「恋占い実践編」すべてサンエックス(すべて1986)

①「ヘッドストロング」コクヨ〈1981〉 ②「MAGICAL POWER」サンエックス〈1987〉 ③「TRIPLETS 3J（2nd BOY JACK）」コクヨ〈年代不明〉 ④「チアリーチャム」サンリオ〈1985〉 ⑤「たいへんよくできました。」アーバン〈年代不明〉 ⑥「先生がきたぞっ！」ソニー・クリエイティブプロダクツ〈1984〉 ⑦「努力あるのみ！」エヌビー社〈年代不明〉 ⑧「レッツチャット」ソニー・クリエイティブプロダクツ〈1983〉 ⑨「NEMURE NIGHT」サンエックス〈1985〉 ⑩「ハンギョドン」サンリオ〈1987〉 ⑪「パピーラブ」サンリオ〈1983〉 ⑫「タキシードサム」サンリオ〈1983〉 ⑬「タキシードサム」サンリオ〈1983〉 ⑭「MOON RIDERS」ソニー・クリエイティブプロダクツ〈1983〉

⑮「レッツチャット」ソニー・クリエイティブプロダクツ〈1984〉 ⑯「バイキンクン」ソニー・クリエイティブプロダクツ〈1984〉 ⑰「PEN PEN FIELD」クロワシ〈年代不明〉 ⑱「ゴロピカドン」サンリオ〈1984〉 ⑲「ゴロピカドン」サンリオ〈1984〉 ⑳「TRIPLETS 3J(3rd BOY JIM)」コクヨ〈1983〉 ㉑「TRIPLETS 3J(2nd BOY JACK)」コクヨ〈1983〉 ㉒「TRIPLETS 3J(1st BOY JOHN)」コクヨ〈1983〉 ㉓「セブンシリードワーフ」サンリオ〈1984〉 ㉔「WINNING POST(TENNIS CLUB)」コクヨ〈1983〉 ㉕「フレッシュパンチ(黒)」サンリオ〈1983〉 ㉖「フレッシュパンチ(ピンク)」サンリオ〈1983〉 ㉗「フレッシュパンチ(赤)」サンリオ〈1983〉 ㉘「フレッシュパンチ(紫)」サンリオ〈1983〉

143

Celluloid sheet
下敷き

学校で、頭に下敷きをこすり付けて静電気ごっこした人集合〜！80年代は透明でハードなケースに好きなアイドルやイラストの切り抜きを入れ、カラーの油性マーカーで模様やメッセージを描いてカスタマイズするのが流行☆既製品でも、ゲーム付き、占い付き、香り付きなど下敷きの可能性が一気に広がった時代だった。

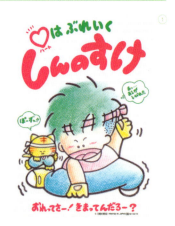

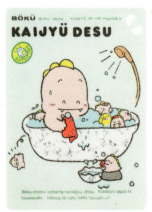

①「♡はぶれいく しんのすけ」グリーンハウス〈年代不明〉 ②「BOKU KAIJYU DESU」サンエックス〈1987〉 ③「SPORTS KIDS」学習研究社（現・学研ステイフル）〈年代不明〉 ④「SPORTS KIDS」学習研究社（現・学研ステイフル）〈年代不明〉

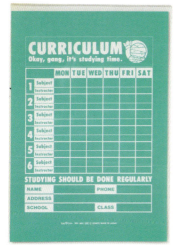

⑤⑥大きなシルエットがユニークな「A.H.O.」シリーズは、「à la mode、Hot、Original」の略なんだって。ダボダボファッションがいかにも'80sだよね。⑦は当時巻き起こった昭和レトロブームに乗って登場した「さくら小学校」というキャラクターの「用箋ばさみ」（バインダー）。

⑤「A.H.O.」ユーカリ社〈年代不明〉 ⑥「A.H.O.」ユーカリ社〈年代不明〉 ⑦「さくら小学校」コクヨ〈1985〉 ⑧「MONSTER-CLUB」ペニス〈年代不明〉

Letter set
レターセット

80年代はメモ帳と同様におてまみ（お手紙）も重要なコミュニケーションツールだった。お友だちとのやりとりや、彼ちゃまへの愛の告白にもおてまみは必須！さらに、好きなアイドルへのファンレター、雑誌の文通コーナーや海外のペンパルも流行ったよね☆可愛いレターセットに丸文字でおてまみを書くことに命を懸けていたのさ！

①「うし」サンリオ〈1984〉②「SPORTS KIDS」学習研究社（現・学研ステイフル）〈年代不明〉

②はサッカーやバスケットなどのスポーツがキャラクター化されたシリーズ。部活をやってる彼ちゃまに送るならコレ☆ボールチェーンのマスコット付き。④はファンシーなイラストでデフォルメされているが実はトイレがモチーフ（笑）。カセットインデックス付きなのが時代だよね。

③「PRIVATE TIME（OFUROTIME）」サンエックス〈1985〉 ④「PRIVATE TIME（OBENJYOTIME）」サンエックス〈1985〉 ⑤「PAN-2 three!」ペニス〈年代不明〉 ⑥「ペンシルクラブ」サンエックス〈1985〉

80年代の香りものブームの影響はレターセットにも！②はポプリ付き、③はフルーツの香り玉付きで乙女心をくすぐりまくり！

①「SOCKS SHOP BE FINE TOMORROW!」コクヨ〈年代不明〉 ②「PETIT FRUITY」サンエックス〈1984〉 ③「POPS CLUB」クツワ〈年代不明〉 ④「POPS CLUB（1枚分セット）」クツワ〈年代不明〉

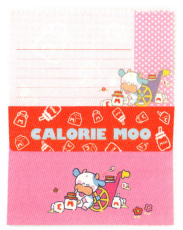

当時激戦区だった「牛」キャラもの。高原のペンションブームの影響か、牛乳パックやミルク瓶、牛モチーフがブームだった☆

⑤「PRETTY BECO」サンスター文具 ⑥「CALORIE MOO」ダーム ⑦「CARAMEL・BOY」ユーカリ社 ⑧「Z・O・O」セイカノート（現・サンスター文具）（すべて年代不明）

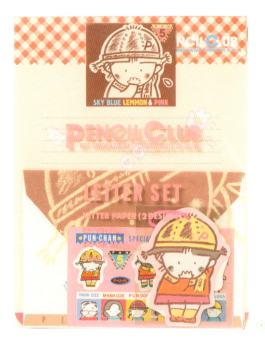

①「うわーい！ 雪だっ！」ソニー・クリエイティブプロダクツ〈1984〉 ②「TRIPLETS 3J〈2nd BOY JACK〉」コクヨ〈年代不明〉 ③「MARINE CLUB」ジャパンクラフト〈年代不明〉 ④「ペンシルクラブ」サンエックス〈1984〉

⑤はダボダボ服がモチーフの「A.H.O.」シリーズだが、便せんがとんでもなく長い!⑦はテレビ形の封筒がかわゆいし、小さなギフト袋付きで凝ってる。

⑤「A.H.O.」ユーカリ社〈年代不明〉 ⑥「わくわくコレクション」サンエックス〈1985〉 ⑦「お天気 はるちゃんのレターセット」サンエックス〈1985〉
⑧「MAMEGOFAN」ソニー・クリエイティブプロダクツ〈1983〉

①「Pretty Goo」リリック〈年代不明〉 ②「TURBOY」トンボ鉛筆・手塚プロダクション〈年代不明〉 ③「POOL SIDE GRAFFITI」サンエックス〈1986〉 ④「ジミーペンドリックス」ミドリ(現・デザインフィル)〈1982〉

⑤「Yameteyo!」サンエックス〈1984〉 ⑥「HOPPING DROPS」サンエックス〈1984〉 ⑦「TIMID ANIMAL」サンエックス〈1984〉 ⑧「先生がきたぞっ!」ソニー・クリエイティブプロダクツ〈1984〉

Book cover protector
ブックカバー

新しい学年に進級する4月。ファンシーをこよなく愛する昭和ガールたちの一年は、まず真新しい教科書におろしたてのブックカバーを掛ける儀式から始まるのであった！薄いビニール製なので、学期の途中にはすでにボロボロになるのだが、そのエイジングもまた味なのである。

①「バイキンクン」ソニー・クリエイティブプロダクツ〈1983〉 ②「A.C. Godzilly」ソニー・クリエイティブプロダクツ〈1983〉 ③「レッツチャット」ソニー・クリエイティブプロダクツ〈1984〉 ④「ヘッドストロング」コクヨ〈1981〉

①〜③はソニクリの人気者が勢ぞろい〜！④は84年ごろ人気を集めた怪獣キャラの「A.C. Godzilly」。⑤⑨は紙製。ビッグサイズだから、折り方次第でいろいろなサイズの本に対応！⑨靴下柄はコクヨテイストの王道☆ほかにもボタン柄やクレヨン柄があったよね。

⑤「ガーデンスタッフ」コクヨ〈年代不明〉 ⑥「ロンリーリトルフォックス」コクヨ〈年代不明〉 ⑦「マリンスカウツ」ソニー・クリエイティブプロダクツ〈1983〉 ⑧「ピニームー」サンエックス〈1991〉 ⑨「SOCKS SHOP BE FINE TOMORROW!」コクヨ〈年代不明〉

155

Stickers

'80sガールズのコレクターズアイテムのひとつだった、シールやステッカー。ただ眺めるだけでも幸せだったし、お友だちへのおてまみや日記帳に貼ったり、缶ペンに貼ったりと、どこでもベタベタ貼っちゃうのが楽しいのだ☆小さき芸術品、ご覧あれ～！

①「POP MAIL SEAL」②「POP MAIL SEAL」③「WE ARE TABBY CATS」④「HONEY HONEY」⑤「WE LOVE SWEETS」すべてサンエックス（すべて1983～1984）

これ、ぜ〜んぶサンエックス製の小っちゃなシール！小さいのに、シール1枚1枚のかわゆいパワーがゴイスー！キラキラ光るもの、クリアなタイプもきれい☆小学生のころ、習い事の習字のお教室で、出席カードに貼ってもらったのがすごくうれしかったのを覚えてる。

⑥「POPLIN SHAKE」⑦「CARROT VILLAGE」⑧「WE LOVE VACATION.」⑨「A STARRY SKY NIGHT」⑩「Goes to LONDON」すべてサンエックス（すべて1983〜1984）

①「PEPPY DOLPHIE」コクヨ〈1981〉 ②「Live in harmony」コクヨ〈1981〉 ③「WINNING POST」コクヨ〈年代不明〉 ④「Teeny Weeny club」コクヨ〈年代不明〉

⑤「オット・トット ワッペンステッカー」コクヨ〈年代不明〉 ⑥「star ship ワッペンステッカー」コクヨ〈年代不明〉 ⑦「オット・トット ワッペンステッカー」コクヨ〈年代不明〉 ⑧「マリンフラッパー」ユーカリ社〈年代不明〉 ⑨「ペンシルクラブ」サンエックス〈1984〉 ⑩「やぎ座シール」クツワ〈年代不明〉

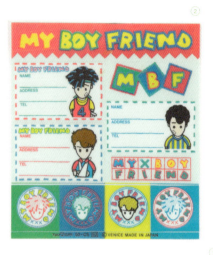

①はコクヨの人気キャラだった3つ子ちゃん。後ろ姿があるのがポイント！②は昭和アイドル風のボーイズ3人組が気になるネ。⑤⑥⑦⑧の切手風シールは、'80sファンシーシール界の伝統芸ともいうべきアイテム。封筒の宛名面に貼ると、最強ラブリーなおてまみが完成しちゃうよ!!

①「TRIPLETS 3J」コクヨ ②「MY BOY FRIEND」ベニス ③「MONSTER-CLUB（DRACULA）」ベニス ④「MONSTER-CLUB（MUMMY）」ベニス（すべて年代不明）

160

⑤⑥⑦⑧「切手風シール」メーカー不明（すべて年代不明）

生まれて初めて出会ったファンシー系シールがサンリオだった、という女の子もきっと多いはず。持ってはいたけど、もったいなくて使えなかった！だって、宝物だもん☆ファンシー系からPOP系、おなじみのキャラクターまで、さっすがサンリオ、バラエティー豊か！

⑥

⑤

⑧

⑦

①「パピーラブ」〈1979〉 ②「タイニーポエム」〈1976〉 ③「タキシードサム」〈1979〉 ④「クイックワックス」〈1979〉 ⑤「ぞうのりもの」〈1982〉 ⑥「トリップトゥワンダーランド」〈1983〉 ⑦「ふうせん」〈1977〉 ⑧「セブンシリードワーフ」〈1979〉 すべてサンリオ

Cassette index card
カセットINDEXカード

貸レコード屋で借りたLPをダビングしたり、テレビの前にラジカセを置いて歌番組を必死に録音したり、ラジオでエアチェックした番組をせっせと編集していたあのころ…。マイ・カセットテープ作りに並々ならぬ情熱を注ぐ少年少女たちにとって、カセットケースの着せ替えとも言えるインデックスカード選びも、重要かつ楽しみな作業の一つなのであった。まるで印刷したみたいにキレイな文字が写せるインレタもマストハブ！

①「コスモズー」ソニー・クリエイティブプロダクツ〈1982〉②「Pretty Goo」リリック〈年代不明〉③「Fair Wind」リリック〈年代不明〉④「SPORTS KIDS」学習研究社（現・学研ステイフル）〈年代不明〉⑤「WAY WORD（転写シール）」ユーカリ社〈年代不明〉

③海へのドライブにぴったり！いかにも'80sな、色鉛筆画タッチのマリンなイラスト。「杉山清隆＆オメガトライブ」ベストヒット集とか、どう？⑤カセット作りのマストアイテム、インレタ（インスタントレタリング）☆不器用だから隣の文字の一部も写しちゃうし、「わ ョI」となった思い出。

⑥「マリンスカウツ」ソニー・クリエイティブプロダクツ（1984）⑦「TODOMEN」学習研究社（現・学研ステイフル）〈年代不明〉⑧「TODOMEN（カセットラベルシール）」学習研究社（現・学研ステイフル）〈年代不明〉⑨「MOO MOO COLLECTION」サンスター文具〈年代不明〉⑩「5人シマイ（アイドル）」サンリオ（1988）⑪「TODOMEN」学習研究社（現・学研ステイフル）〈年代不明〉

Origami
おりがみ

おりがみの折り方の本を買ってきて、ぶきっちょながらもいろいろチャレンジしていた日々が懐かしい。当然、可愛いおりがみ選びにも熱中☆友だち同士でバラでトレードするのも楽しかった〜。メタリック、パール、セロファンなど、きれいな素材や、サイズもいっぱいあって、女の子の宝物だったよね!

②

①

⑤

④

③

⑦

⑥

①「星座のティンクルちゃん シールつきおりがみ」ショウワグリム・夢野プロ ②「HOP CAT ギンギラおりがみ」ショウワグリム ③「マスコットランド ギンギラおりがみ」ショウワグリム ④「みのむし メタリックカラーおりがみ」ショウワグリム ⑤「千代おりがみ」ダイヨ ⑥「ゴジモンと星のお友だち ちよがみ」エヒメ紙工 ⑦「Sweet Painters ちよがみ」エヒメ紙工〈すべて年代不明〉

166

①「星座のティンクルちゃん」の総柄がキュート☆ ④当時、メタリックなおりがみが珍しくて買ったけど 今改めて見るとみのむし柄が実に斬新! ⑧⑨⑩85年に「夢の星のボタンノーズ」としてアニメ化されたころのもの。香りカード付きで、おりがみに香りがほのか〜に移るのがステキよね♡

⑧「ボタンノーズ かおりカード付 ちよがみ」⑨「ボタンノーズ かおりカード付 ちよがみ」⑩「ボタンノーズ フルーツちよがみ」すべてサンリオ・東洋紙工(現・トーヨー)〈すべて1985〉

167

東洋紙工（現・トーヨー）のサンリオおりがみは、そのラブリーさ、デザイン性の高さ、コンセプト、おまけの充実度においてまさに完璧だった！②④おりがみに誕生花のコンセプトをプラスしたシリーズ。も・ち・ろ・ん香り付き！⑤スイーツやフルーツがいっぱいちりばめられてる♡カラーグラデーションもきれい。

①「ハローキティ キラキラちよがみ」〈1983〉 ②「ハローキティ 花ことば 占いちよがみ」〈1987〉 ③「リトルツインスターズ キラキラちよがみ」〈1984〉 ④「リトルツインスターズ 花のようせいおりがみ」〈1976〉 すべてサンリオ・東洋紙工（現・トーヨー）

⑤「リトルツインスターズ ちよがみ」(1984) ⑥「リトルツインスターズ おりがみ」(1976) すべてサンリオ・東洋紙工（現・トーヨー）

①「ゴロピカドン 星占いおりがみシリーズ」サンリオ・東洋紙工（現・トーヨー）〈1984〉

①「ゴロピカドン」の3人が、12星座のモチーフに扮した楽しいおりがみ。星占い＆香り付きだよ☆②③80年代中ごろのぷっくりサムくんと、④⑤70年代にデビューしたときの2Dサムくん！クリアなセロファンと色紙がセットになった「セルカラー」はあまりにもきれいで、もったいなくて折れなかった〜。

②「タキシードサム セルカラーちよがみ」(1985) ③「タキシードサム ちよがみ」(1984) ④「タキシードサム セルカラーちよがみ」(1983) ⑤「タキシードサム セルカラーちよがみ」(1984) サンリオ・東洋紙工(現・トーヨー)

COLUMN 5

ファンシーショップの思い出

1978年か1979年ごろでしょうか、3つ上の姉の影響もあって、物心ついたときからファンシーショップによく通っていました。1つだとけんかになるからと、姉とおそろいで買ってもらったオルゴール。曲は忘れもしません、ド定番の「禁じられた遊び」! フタを開けると、小さなお人形がクルクル回ります。キラキラ光るビー玉やおはじきを詰めて、「きれい〜」なんて、喜んでいました。サンリオのお店では、キティちゃんやマイメロディ、キキララ、パティ&ジミーに出会い、グッズはもちろん、可愛い包装紙や、おまけのマスコットにもワクワクして。そこは「夢の国」でした。

80年代に入ると、ファンシーキャラクターブーム到来! ファンシーショップは、1982年ごろには約2万店もあったのだとか。都会とは言えない私の住んでいた町ですら、最盛期には4つもファンシーショップが

83年、東京・田園調布にオープンした「いちごのお家」(2011年閉店)。ショップのはかにクッキーを焼くキッチンやレストラン、多目的ホールなどを併設した、夢のようなショップだったのだ♡左は80年代のサンリオ銀座ギフトゲート。

YUKACINNAMON

172

COLUMN 5

でき、よくハシゴしては新商品をチェックしていました。新学期には必ず学用品まわりを新調するのが、ゆかしなもんのこだわり（笑）。人と違うキャラクターを持ちたくて、「これ、可愛いね！」なんてクラスメイトに褒められるとうれしくなっちゃう。友だちの誕生日プレゼントを探しに行くのも、やっぱりファンシーショップ。贈答用にリボン付きできれいに包装をしてもらう間、店員さんの鮮やかな手つきに見とれたりして……。

大人になって、かつてファンシーショップで働いていた女性とお話しする機会がありました。当時、クリスマスの時期は本当にスゴかったそうです。近所の女の子たちがみんなファンシーグッズを手に持って、レジの前に長い列を作って待っていたんだとか！ お店のお姉さんと女の子たちが仲良くなって、文通をしていたこともあったそう。お店のなかにお菓子コーナーがあったり、手作りの名入れアクセサリーの工房が併設されているところもありました。貴女の思い出のなかにあるファンシーショップは、どんな素敵なお店でしたか？

サンリオショップでグッズを買うと、可愛い包装紙＆シールでぺたっと付けてくれるおまけが楽しみだった～！破れないようにそ〜っとテープを外した記憶…。

YUKACINNAMON

Pocket tissues
ポケットティッシュ

これほどまでに、この小さなポケットティッシュのラブリーさを極限まで追求し続けた国がほかにあるだろうか!? 見よ、これが昭和期ジャパニーズファンシーの底力じゃ〜☆ 何が私たちをそこまでさせたのかは謎だが、ティッシュ1枚単位でお友達とトレードするのが全国的に流行した。

①「リトルツインスターズ」〈1984〉 ②「リトルツインスターズ」〈1984〉 ③「リトルツインスターズ」〈1976〉 ④「リトルツインスターズ」〈1976〉 すべてサンリオ

「リトルツインスターズ」もの、あれこれを集めてみました☆時代によって色のトーンに変化があって、どれもかわゆい！①②はミニサイズで、小さな女の子のお手手でも持ちやすいよ。④⑦ポケットティッシュの最高級モデルともいえる"二つ折りポケットティッシュ"を見たときの感動は忘れまい！

⑤「リトルツインスターズ」(1976) ⑥「リトルツインスターズ」(1976) ⑦「リトルツインスターズ」(1976) すべてサンリオ

①「ハローキティ」(1985) ②「ハローキティ」(1976) ③「ハローキティ」〈1976〉 ④「ハローキティ」(1976) ⑤「ハローキティ」〈1976〉すべてサンリオ

⑥「ハローキティ」(1970) ⑦「ハローキティ」(1976)
⑧「ハローキティ」(1976) ⑨「ハローキティ」(1983)
⑩「ハローキティ」(1983) ⑪「ハローキティ」(1984)
すべてサンリオ

①「バニー&マッティ」〈1975〉②「みんなのたあ坊」〈1988〉③「パティ&ジミー」〈1976〉④「パティ&ジミー」〈1976〉⑤「タイニーポエム」〈1976〉
⑥「タイニーポエム」〈1976〉⑦「ウィンキーピンキー」〈1990〉すべてサンリオ

178

⑧「ニャニィニュニェニョン」〈1985〉 ⑨「PREZENTIALS」〈1986〉 ⑩「ギミーファイブ」〈1986〉 ⑪「HOP&SKIP」〈1986〉 ⑫「ザシキブタ」〈1987〉 ⑬「セブンシリードワーフ」〈1979〉 ⑭「ミスターベアーズドリーム」〈1990〉 ⑮「ミスターベアーズドリーム」〈1987〉 すべてサンリオ

①「ゴロピカドン（ドン）」〈1983〉 ②「ゴロピカドン（ピカ）」〈1983〉 ③「ゴロピカドン（ゴロ）」〈1983〉 ④「ノラネコランド」〈1987〉 ⑤「けろけろけろっぴ」〈1989〉 ⑥「タキシードサム」〈1986〉 ⑦「ニャニィニュニェニョン」〈1987〉 ⑧「ニャニィニュニェニョン」〈1987〉 すべてサンリオ

180

⑨「ザ ラナバウツ」〈1987〉 ⑩「ズーズーギャング」〈1986〉 ⑪「ズーズーギャング」〈1987〉 ⑫「キュウキュウシャ」〈1977〉 ⑬「バス」〈1977〉 ⑭「パーティアラカルト」〈1984〉 ⑮「CHIBIKURE Co.」〈1985〉 ⑯「フレッシュパンチ」〈1979〉 すべてサンリオ

①②はお菓子「きどりっこ」(ブルボン)のイラストでも有名な宮尾怜衣さんのキャラ♡そして、ポケットティッシュといえば、プリント&香り付き! チョコレートの香りの⑦、パフェの香りの⑨、クッキーの香りの⑪など、乙女心をくすぐるフレグランスが続々登場したよ。

①「Pretty Goo」リリック〈年代不明〉 ②「Pretty Goo」リリック〈年代不明〉 ③「GOZA NEKO」サンエックス〈1986〉 ④「A.C. Godzilly」ソニー・クリエイティブプロダクツ〈1984〉 ⑤「ぱ・ぴ・ぷ・ぺ BOO〜!」サンエックス〈1985〉 ⑥「MUMU BABY」新船場堂〈年代不明〉

⑦「チョコレートの香り付きティッシュ」ダイレイ〈年代不明〉 ⑧「A.C. Godzilly」ソニー・クリエイティブプロダクツ〈1984〉 ⑨「パフェの香り付きティッシュ」ダイレイ〈年代不明〉 ⑩「PETIT FRUITY」サンエックス〈1984〉 ⑪「クッキング」サンリオ〈1979〉 ⑫「Powder Baby」サンエックス〈1987〉 ⑬「ぼくのおとうと」ミドリ（現・デザインフィル）1984 ⑭「"MOO" BRAND」サンエックス〈1987〉

Band-aid
絆創膏

'80sガールにとっては、ただ傷を治す道具にあらず！友だちと交換してコレクションを増やしたり、デコレーションとして缶ペンや学生かばんに貼ったり、恋のおまじないに使ったり。形のかわゆいものは、腕に貼って日焼けの跡を楽しむというツウな使い方も☆

①「ザ ラナバウツ」〈1986〉②「ウィンキーピンキー」〈1991〉③「フレッシュパンチ」〈1979〉④「タキシードサム」〈1979〉⑤「マイメロディ」〈1976〉⑥「ゴロピカドン」〈1983〉⑦「けろけろけろっぴ」〈1990〉⑧「ハローキティ」〈1976〉すべてサンリオ・ニチバン

⑨「ザ ラナバウツ」〈1986〉⑩「SPORTS ARE FUN」〈1988〉⑪「クッキークラブ」〈1995〉⑫「出血多量」〈1984〉⑬「リトルツインスターズ」〈1976〉⑭「フレッシュパンチ」〈1983〉⑮「ザ ボードビルデュオ」〈1984〉⑯「リトルツインスターズ」〈1976〉⑰「BLOOD TYPE B ダイカットハート形」〈1985〉⑱「BLOOD TYPE A ダイカットハート形」〈1985〉⑲「ダイカット星形」〈1984〉すべてサンリオ・ニチバン

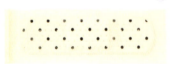

①「レッツチャット」ソニー・クリエイティブプロダクツ〈1984〉②「うちのタマ知りませんか?」ソニー・クリエイティブプロダクツ〈年代不明〉③「Sweet icecream」ソニー・クリエイティブプロダクツ〈年代不明〉④「ヘルシーモーモー」サンエックス〈1984〉⑤「PETIT FRUITY」サンエックス〈1984〉⑥「バイキンクン」ソニー・クリエイティブプロダクツ〈1982〉⑦「WINE-N-DINE」ソニー・クリエイティブプロダクツ〈1983〉⑧「UMEBOSHIGOFAN」ソニー・クリエイティブプロダクツ〈1983〉⑨「POP&NON」PLANET〈年代不明〉⑩メーカー不明〈年代不明〉

⑨赤いストライプの包装紙も、タマとミルク瓶の総柄も、すべてが愛らしい1枚。⑩カラフルなものが主流な中で、こんなシックなドット柄の絆創膏をしている女の子がいたら「センスいい！」って思っちゃう☆ ⑪⑫⑯⑳クスッと笑えるオモシロ系も人気だった。

⑪「PROTECT YOUR INJURY さわるでない！」メーカー不明〈年代不明〉⑫「青春のキュートバンだっ」サンエックス〈年代不明〉⑬「さわっちゃいや！」ミドリ（現デザインフィル）〈年代不明〉⑭「ガーデンスタッフ」コクヨ〈1982〉⑮「SPORTS KIDS」学習研究社（現・学研ステイフル）〈年代不明〉⑯「わたしはこれで…ケガをしました！」ミドリ（現デザインフィル）〈年代不明〉⑰「ペンシルクラブ」サンエックス〈1984〉⑱「ペンシルクラブ」サンエックス〈1984〉⑲「ズキン ズキン」ミドリ（現デザインフィル）〈年代不明〉⑳「やくざさん 小指専用ばんそうこう」メーカー不明〈年代不明〉

①「みみずばれ」サンエックス〈年代不明〉 ②「PETIT FRUITY」サンエックス〈年代不明〉 ③「必勝」メーカー不明〈年代不明〉 ④「いっき!」サンエックス〈年代不明〉 ⑤「PROTECT YOUR INJURY 治療中!」メーカー不明〈年代不明〉 ⑥「たなからぼたもち」メーカー不明〈年代不明〉 ⑦「STRIPES」ソニー・クリエイティブプロダクツ〈年代不明〉 ⑧「PROTECT YOUR INJURY かわいそうな指です」メーカー不明〈年代不明〉 ⑨「すぐなおるさっ」サンエックス〈年代不明〉 ⑩「CAL.DOTS」ソニー・クリエイティブプロダクツ〈年代不明〉

⑪「ヘッドストロング」コクヨ（1981）⑫メーカー不明〈年代不明〉⑬「ゆきちゃん」メーカー不明〈年代不明〉⑭「Aがた うう…いしはくじゃくね。」新船場堂〈年代不明〉⑮「EASY BOYS」ジャパンクラフト〈年代不明〉⑯「MONSTER-CLUB」ベニス〈年代不明〉⑰「MERRY BERRY」サンエックス〈年代不明〉⑱「ガーデンスタッフ」コクヨ（1982）⑲「泣くのがいやならさあ、歩け。」メーカー不明〈年代不明〉⑳「わたしはこれで…ケガをしました！」ミドリ（現・デザインフィル）〈年代不明〉

①「CAL.DOTS」ソニー・クリエイティブプロダクツ〈1985〉 ②「チェック柄絆創膏」ソニー・クリエイティブプロダクツ〈年代不明〉 ③「A.C. GODZILLY」ソニー・クリエイティブプロダクツ〈1984〉 ④「ないすみどるばす」サンエックス〈1986〉 ⑤「MIFFY KID」サンエックス〈1983〉

⑥「なんとこれが うわさの CUTEBAN でございます 山小 」リル■ ゟフ〈年代不明〉 ⑦「なんとこれが うわさの CUTEBAN でございます いてーんだよ！」サンエックス〈年代不明〉 ⑧「おむすびころりすってんころり」メーカー不明〈年代不明〉 ⑨「きゅ〜ん」サンエックス〈年代不明〉 ⑩「なんとこれが うわさの CUTEBAN でございます あっぱれ！」サンエックス〈年代不明〉 ⑪「なんとこれが うわさの CUTEBAN でございます にこにこんちくん」サンエックス〈1985〉 ⑫「ペンシルクラブ」サンエックス〈1984〉 ⑬「だぁ〜いすきっ」サンエックス〈年代不明〉 ⑭「LOVE」サンエックス〈年代不明〉 ⑮「ペンシルクラブ」サンエックス〈1984〉 ⑯「OCHANKO CLUB」ベニス〈年代不明〉 ⑰「"ケが"ないブタはしあわせっ」メーカー不明〈年代不明〉

Hand mirror, comb, toothbrush...
おしゃれグッズ

お年頃ガールは、日夜おめかしに余念がありません☆ファンシーグッズの中でも文房具と双璧をなす人気だったのが、身だしなみアイテム！お部屋のマイ・ドレッサーに並べたり、小さな巾着袋に入れて学校に持って行ったり。そういえば、友だちのクシを借りると失恋するとかっていう恐ろしいジンクス、あったな〜。

①「コスモズー 手鏡」ソニー・クリエイティブプロダクツ（1982）②「うちのタマ知りませんか？ 手鏡」ソニー・クリエイティブプロダクツ（1983）③「レモンヴィレッジ 手鏡」学習研究社（現・学研ステイフル）（年代不明）④「レッツチャット 手鏡」ソニー・クリエイティブプロダクツ（1982）⑤「レッツチャット 手鏡」ソニー・クリエイティブプロダクツ（年代不明）⑥「タイニーキャンディ 手鏡」学習研究社（現・学研ステイフル）（年代不明）⑦「メリーレイカー 鏡」学習研究社（現・学研ステイフル）（年代不明）⑧「Sweet Dream スタンドミラー」ソニー・クリエイティブプロダクツ（年代不明）

⑨「ヘッドストロングブラシ」コクヨ(1981) ⑩「スリービッグリーズ ブラシ」学習研究社(現・学研ステイフル)(年代不明) ⑪「ガーデンスタッフ くし」コクヨ(年代不明) ⑫「タイニーキャンデ くし」+㐂八先生(現 学研ステイフル)(年代不明) ⑬「ペンシルクラブ くし」サンエックス(1984) ⑭「メリーレイカー くし」学習研究社(現・学研ステイフル)(年代不明) ⑮「イージーボーイズ エチケットブラシ」J.C.C.(年代不明) ⑯「フレッシュパンチ くし」サンリオ(1979) ⑰「マリンフラッパー ケース入りくし」ユーカリ(年代不明) ⑱「トリンケット エチケットブラシ」サンリオ(1983) ⑲「ピュセルコロンまる(レモン)」マンダム(年代不明)

193

①「ザ ボードビルデュオ アメニティセット」サンリオ（1985） ②「ザ ボードビルデュオ アメニティセット」サンリオ（1984）

出ました! 昭和の名品、アメニティセット (トラベルポーチ) ☆歯ブラシ、フェイスタオルや石けんを中心に、化粧水などを入れる容器までもが一体化した豪華なポーチ。歯磨き粉にまでキャラが付いてて芸が細かいったら! 修学旅行やキャンプには必須アイテムだったので、張り切って買いに行った記憶。

③「レモンヴィレッジ アメニティセット」学習研究社 (現・学研ステイフル) ④「ラブリーフィールド アメニティセット」コクヨ (すべて年代不明)

①「ガオガオ ドライヤー」サンエックス（1989）②「もーいいかい？ まーだだよー！ 壁掛け両面ミラー」メーカー不明（年代不明）③「MILK TEEN ポーチ」ミドリ（現・デザインフィル）④「MILK TEEN ポーチ」ミドリ（現・デザインフィル）⑤「マリンスカウツ 歯ブラシセット」ソニー・クリエイティブプロダクツ（1982）⑥「TRIPLETS 3J（3rd BOY JIM）歯ブラシ」コクヨ（1983）⑦「UMEBOSHIGOFAN ハート型ペーパーソープ」ソニー・クリエイティブプロダクツ（1984）

⑧「TRIPLETS 3J（2nd BOY JACK）コンパクト型鏡」コクヨ〈1983〉 ⑨「TRIPLETS 3J（3rd BOY JIM）手鏡」コクヨ〈1983〉 ⑩「TRIPLETS 3J（1st BOY JOHN）手鏡」コクヨ〈1983〉 ⑪「SPORTS KIDS（サッカー）手鏡」学習研究社〈現・学研ステイフル〉〈年代不明〉 ⑫「SPORTS KIDS（バスケットボール）手鏡」学習研究社〈現・学研ステイフル〉〈年代不明〉 ⑬「LITTLE MINT 手鏡」ユーカリ社〈年代不明〉 ⑭「クッキーズ 手鏡」ベニス〈年代不明〉 ⑮「ガーデンスタッフ 手鏡」コクヨ〈1982〉 ⑯「ぼくのパパ 巾着袋」ジャパンクラフト〈年代不明〉 ⑰「キャラメル日記 巾着袋」コクヨ〈年代不明〉 ⑱「クッキーズ 巾着袋」ベニス〈年代不明〉

197

Handkerchief
ハンカチ

いつもお守りのように持ち歩いていた乙女の必需品・ハンカチは、お年頃のティーンともなると「汗拭き用」「お手拭き用」の2枚持ちも当たり前だった。それにしてもいつからだろう、ハンカチに油性ペンで名前を書かなくなったのは…。

①「P.J.Katz」ソニー・クリエイティブプロダクツ〈1982〉 ②「ボンボンスノー ナフキン」サンエックス〈1987〉 ③「雪見まんじゅう」サンエックス〈1987〉 ④「LANDSCAPE」ソニー・クリエイティブプロダクツ〈1982〉 ⑤「MILK TEEN」ミドリ（現・デザインフィル）〈年代不明〉 ⑥「サラダハウス」TOMBOY〈年代不明〉 ⑦「MASK MATE」サンエックス〈1985〉

⑫86年のキャラ「ポンポンスノー」のナフキン。ワンポイントで白いポンポンが付いているのがサンエックスならではの小技よね！！⑬81年デビューで人気を博したアニマルキャラ「MILK TEEN」。⑪のタオルはローマ字がオシャレな個性派「うめぼしごはん」☆うめぼしに顔が付いてるヨ。

⑧「TRIPLETS 3J」コクヨ(1983) ⑨「SPORTS KIDS」学習研究社(現・学研ステイフル)〈年代不明〉 ⑩「LIVE IN HARMONY」コクヨ〈年代不明〉 ⑪「UMEBOSHIGOFAN タオル」ソニー・クリエイティブプロダクツ〈年代不明〉 ⑫「わくわくコレクション リバーシブルハンドタオル」サンエックス〈年代不明〉 ⑬「BARBY'S KISS」ソニー・クリエイティブプロダクツ〈年代不明〉

Button badge
缶バッジ

極論すれば、80年代は缶バッジの時代だった。Gジャンやキャップに付けたり、リュックサックや巾着袋に付けてみたり。たっくさん付けるのがオシャレなのだ☆学校ではもちろん禁止だったから、制服の裏側にコッソリ付けるツワモノも！

⑤時代とともに少しずつ変化を遂げてきた「ハローキティ」だが、80年代前半ごろのポップなキティちゃん、かわゆい♡⑩⑪絶対ペアで付けたい、エディ&エミー♡⑯⑰「ようかい学校」に通う妖怪の子どもたちのキャラ「ようかいきっず」(86年)☆バッジの角度を変えると絵が変わるよ。

①「ザ シキブタ」(1984) ②「ヘイシードジェイク」(1984) ③「ザ シキブタ」(1984) ④「ネコトット」(1985) ⑤「ハローキティ」(1984) ⑥「クイックワックス」(1984) ⑦「リトルツインスターズ」(1984) ⑧「リトルツインスターズ」(1976) ⑨「タキシードサム」(1984) ⑩「ザ ボードビルデュオ」(1984) ⑪「ザ ボードビルデュオ」(1984) ⑫「パーティアラカルト」(1984) ⑬「カントリーフレッシュベジーズ」(1985) ⑭「マイメロディ」(1984) ⑮「ブーギーウー」(1984) ⑯「ようかいきっず」(1986) ⑰「ようかいきっず」(1986) すべてサンリオ

①「ファイト!」〈1984〉②「ゴックン」〈1984〉③「blood type:O」〈1984〉④「びっくり!」〈1984〉⑤「元気かい!」〈1984〉⑥「Hi!」〈1984〉
⑦「ひしっ」〈1984〉⑧「ごめんごめん」〈1984〉⑨「はれです」〈1984〉すべてサンリオ

84年ごろに訪れたジョーク＆パロディグッズブームの波が、サンリオの缶バッジにもやって来た！王道のサンリオファンシーとはひと味違って、エッジの効いたギャグ系やメッセージ系が新鮮＆ユニーク☆血液型モチーフは当時なぜか流行ったのよね。

⑩「はにわにははにわがいるあわせてにわにわ」〈1984〉 ⑪「うし」〈年代不明〉 ⑫「イカの夜あそび」〈1984〉 ⑬「ザ・ウルトラＣ！」〈1985〉 ⑭「そばにいたいの」〈1984〉 ⑮「たべましょんっ！」〈1985〉 ⑯「店長」〈1985〉 ⑰「実習生」〈1985〉 ⑱「絶好調」〈1984〉 すべてサンリオ

Pass holder, address book & wallet
パスケース&アドレス帳&ウォレット

女の子が人生で一番最初に手に入れるお財布やパスケースも、やっぱりファンシーグッズだった。なけなしのおこづかいを入れるには、女の子の小さなお手手に収まる、ミニマムなサイズで十分！そして、小さなアドレス帳にお友だちの住所や電話番号（自宅）をちまちまと書き写していた時代がひたすら懐かしい。

①「マリンスカウツ 財布」ソニー・クリエイティブプロダクツ〈1982〉 ②「POPPO WEAR 小銭入れ」コクヨ〈1981〉 ③「TRIPLETS 3J 財布」コクヨ〈1983〉 ④「ガーデンスタッフ パスケース」コクヨ〈1982〉 ⑤「SHIP SHAPE 財布」ソニー・クリエイティブプロダクツ〈1982〉 ⑥「UMEBOSHIGOFAN 財布」ソニー・クリエイティブプロダクツ〈1983〉

①爽やかなブルーのギンガムチェックの二つ折り財布。ビニール製で汚れにくいのもマル。③83年にデビューしたコクヨの三つ子ちゃんのお財布は、布製で温かな雰囲気。⑦84年ごろの人気キャラ「TEDDY&MIDDY」はモッズっぽい雰囲気がオシャレだった！

⑦「TEDDY&MIDDY アドレス帳」J・M・O（1983）⑧「ジミーペンドリックス パスケース」ミドリ（現・デザインフィル）〈年代不明〉⑨「レッツチャット パスケース」ソニー・クリエイティブプロダクツ〈1982〉⑩「LIVE IN HARMONY アドレス帳」コクヨ〈年代不明〉

Glass, mug, cup&saucer
グラス&カップ

タンブラー、カップ&ソーサー、マグカップ、etc……。あのころを思い返すと、貴女にもきっとあるはず、お気に入りだったものが！色も形もサイズもさまざまで、実は奥深〜い世界。可愛い化粧箱入りのものは、お友だちへの誕生日プレゼントにもぴったりだった☆

①「パピーラブ」サンリオ〈1986〉②「ザシキブタ」サンリオ〈1989〉③「ボ・ボクねずみ小僧だい!」サンリオ〈1989〉④「TRIPLETS 3J」コクヨ〈1983〉⑤「男の子とふうせん」メーカー不明〈年代不明〉

③ねずみ小僧の楽しいキャラと、透かし彫り風の加工が楽しい〜。⑤おそらく70年代製。青みがかったグラスに、メルヘンな絵柄がステキな逸品。⑥チューリップ形のスウィンググラス。ゆらゆら揺れるのがオシャレ☆⑧知る人ぞ知る(?)「ばんどくんえいどくん」のえいどくんミニグラス。

⑥「マリンスカウツ」ソニー・クリエイティブプロダクツ(1982) ⑦「金太くん」ミドリ(現・デザインフィル)(1981) ⑧「ばんどくんえいどくん」ジャパンクラフト(年代不明) ⑨「メリーレイカー」学習研究社(現・学研ステイフル)(年代不明)

①「タイニーキャンディ」学習研究社(現・学研ステイフル)〈年代不明〉 ②「タイニーキャンディ」学習研究社(現・学研ステイフル)〈年代不明〉 ③「ロンリーリトルフォックス」コクヨ〈年代不明〉 ④「メリーレイカー」学習研究社(現・学研ステイフル)〈年代不明〉 ⑤「ガーデンスタッフ」コクヨ〈1982〉 ⑥「TEDDY&MIDDY」光和工芸〈1983〉

208

②と〜っても小さいエスプレッソカップ！⑫「マロンクリーム」の洋風の湯飲みは飲み口がフリルのようになっていて超絶乙女ちっく♡⑬80年代にもあった昭和レトロブームを象徴する「仲良し倶楽部」は、コアな人気があったのデス。

⑦「ゴロピカドン」サンリオ〈1983〉⑧「TRIPLETS 3J」コクヨ〈1983〉⑨「やったぁ！晴れたっ！」ソニー・クリエイティブプロダクツ〈1984〉⑩「タイニーキャンディ」学習研究社（現・学研ステイフル）〈年代不明〉⑪「レッツチャット」ソニー・クリエイティブプロダクツ〈1982〉⑫「マロンクリーム」サンリオ〈1991〉⑬「仲良し倶楽部 茶碗」サンリオ〈1986〉

209

COLUMN 6 '80s ガールズHOW to 本の世界

小学生のころの私は、占いや、少女漫画の描き方、お菓子の作り方や女の子のマナーなどを教えてくれる、昭和ガーリーなHOW to 本が大大大好きな女の子でした。HOW to 本は学校の図書室にも置いてあった、とっても身近な存在。内容は各界のプロフェッショナルたちによるためになるレクチャーや、心ときめく可愛いイラストが満載！眺めているだけでワクワク、知的好奇心が満たされて、すてきな女の子になった気分に（実際はさておき……）♡ ほかにも、ポプリ、手芸、おりがみ、編み物、ペット、美容法やおしゃれ、お部屋作りやプレゼントのラッピング、性教育まで……多くの出版社からさまざまなタイトルがリリースされていて、目移りするほどでした☆ 女の子は勉強することがたくさんあって、タイヘ〜ンなのです!!

小学館 学習まんが・ふしぎシリーズ
『すてきな星うらない』
(構成・執筆・真理 令/表紙絵・まるやま佳、あべまりあ/小学館/1981年)

小学館「学習まんが・ふしぎシリーズ」は男の子向けタイトルも含め50冊以上もあった。ゆかしなもんの愛読書「すてきな星うらない」は上原きみこ先生、高瀬直子先生ほかの美しい漫画で星占いが学べちゃう！

小学館ミニレディー百科シリーズ
『11 すてきなおかし作り』
(著・今田美奈子/表紙絵・まるやま佳、市川みさこ/小学館/1978年)

ガールズHOW to 本の金字塔、「ミニレディー百科」。70年代後半から90年代にかけて、何度も版を重ねて出版されてきた、女の子のための永遠の教科書。赤い文字のタイトル＆ピンク色の表紙にテンションが上がっちゃう♡

YUKACINNAMON

COLUMN 6

なかよしスペシャル わんころべえBOOK
『1 たのしいお菓子作りのひみつ』
(構成・いだけいこ/表紙モチーフ絵・あべゆりこ/講談社/1985年)

『3 たのしいお菓子作りのひみつ2 チョコレートのお菓子』
(構成・いだけいこ/表紙モチーフ絵・あべゆりこ/講談社/1986年)

『4 たのしい小物手芸のひみつ』
(構成・いだけいこ/表紙モチーフ絵・あべゆりこ/講談社/1987年)

「なかよし」でおなじみのわんころべえが、お料理や小物手芸の世界で大活躍☆「愛のメロディゼリー」「初恋の味紅茶」など、レシピのネーミングや写真が全部可愛いの！

なかよしホビーランド
『1 すてきなポプリ』
(著・熊井明子/表紙絵・あべゆりこ/講談社/1981年)
『2 かわいい小物手芸』
(著・井田昌子/表紙絵・あべゆりこ/講談社/1982年)
『3 あこがれ♡ポプリ』
(著・熊井明子/表紙絵・あべゆりこ/講談社/1983年)

昭和期の一大ポプリブームを牽引したのは、ほかでもない「なかよし」だった！レーシィな柄のビニールカバーも超絶ラブリーな、夢のようなシリーズ♡

小学館コロタン文庫
『38 少女まんが全百科』
(構成・執筆・もとやま礼子/表紙絵・上原きみこ/小学館/1979年)
『79 チャーム占い全百科』
(監修・ルネ・ヴァン・ダール/著・エミール・シェラザード/表紙絵 まつづきあけみ/小学館/1982年)

男の子向けが多い名門シリーズだが、あるんです、ガールズ向けの名著が！なかでも「少女まんが全百科」は超豪華な作家陣が取材に全面協力した感動の一冊☆

YUKACINNAMON

COLUMN 6

集英社モンキー文庫
『ティーンのおしゃれ教室』
(著・宇田川あやこ/表紙絵・忠津陽子/
集英社/1977年)

『ビューティー・ブック』
(著・宇田川あやこ/表紙絵・立原あゆみ/
集英社/1981年)

集英社ファンファン文庫
『愛をよぶ ときめき占い百科』
(著・エミール・シェラザード/表紙絵・すずきなつき/集英社/1983年)

シリーズ名が発売当初のモンキー文庫から、後年ファンファン文庫に変わったらしい。「ティーンのおしゃれ教室」は下着選びやお肌のケアなどがみっちり学べる、ステキな内容。当時、忠津陽子先生のイラストに見とれて思わずジャケ買いしたわ!

サンリオ「みるく・びすけっと・たいむ」
『みるく・びすけっと・たいむ』
(絵とおはなし・青山みるく/サンリオ/1987年)

『みるく・びすけっと・たいむ
夢みる少女へおくるおしゃれ絵本』
(絵とおはなし・青山みるく/サンリオ/1990年)

「いちご新聞」連載の名コラムを書籍化。青山みるく先生のふわふわ温かいガーリーな世界観がぎゅっと詰まった、ファン必携の書。童話や映画、音楽、手作りの雑貨など、海外のステキな文化を可愛いイラストと共に教えてくれるよ♡

YUKACINNAMON

212

COLUMN 6

学研 入門チャンピオンコース
『25 ケーキとおやつ』
(著・中城裕美/表紙絵・郡野みずほ/学習研究社/1982年)
『27 あなたもなれる! 少女まんが家入門』
(編・学研/学習研究社/1982年)
学研 ピチレディシリーズ
『ゆめのポプリノート』
(著・森田洋子/表紙絵・小室しげ子/学習研究社/1982年)

「あなたもなれる!少女まんが家入門」は竹宮恵子先生、青池保子先生ほか大御所の先生方による漫画のレクチャーだけでなく、仕事場の様子やペット、趣味のマル秘情報も満載♡「ピチレディシリーズ」はドリーミーなタイトルが揃ったステキなシリーズ。

MyBirthdayの本
『マークのおまじない1000』
(著・マーク・矢崎治信/表紙絵・野崎ふみこ/実業之日本社/1988年)

占い&おまじないといえば、80年代に大人気だった愛と占いの情報誌「MyBirthday」☆ そのエッセンスを凝縮したMBブックスシリーズや「おまじない1000」は、ひみつの魔法がいっぱ〜い詰まってたよね!

『てるみのなんでもかんでも作っちゃおう フェルトの小もの集』
(著・大高輝美/雄鶏社/1981年)
『紙ねんどのプチマスコット』
(編・主婦と生活社/主婦と生活社/1982年)
『ぶきっちょさんのお菓子教室』
(著・森山サチ子/表紙絵・藤岡仁/雄鶏社/1982年)

人生で初めて出会ったフェルトマスコット本が大高輝美先生のものだった、という女の子、きっといっぱいいるはず!「ぶきっちょさん」シリーズ、本を見ながら一生懸命クッキーを焼いたあのころが懐かしい…。

YUKACINNAMON

Fairy tales at tourist spots bookmark & post card
観光地めるへんしおり&はがき

80年代、日本各地の観光地のおみやげ屋さんに並んでいた、ひときわカラフルできらびやかなしおりやポストカードのセット…。メルヘンちっくなイラストに、ドリーミーなポエム♡すてきな旅の風景を閉じ込めた、夢のようなおみやげだった。表面がでこぼこしたエンボス加工で、とっても凝っていたのも特徴。今はもう見かけない、マボロシの品。

①「雨の童話」絵・青山みるく
②「京のしおり」絵・青山みるく
③「花詩集」絵・青山みるく〈すべて年代不明〉

「いちご新聞」(サンリオ)『みるく・びすけっと・たいむ』(サンリオ)でもおなじみの、青山みるく先生の作品☆繊細なタッチにほんわかきれいな色使い、そして、心ときめくポエム…。みるく先生の優しさがあふれた世界観に、当時の女の子は夢中に♡

④「MILKLAND」絵・青山みるく ⑤「飛騨路」絵・青山みるく ⑥「風あそぶ心のふるさと 高山」絵・青山みるく ⑦「京めぐり」絵・青山みるく(すべて年代不明)

①「夢物語」絵・高徳瑞女 ②「小さなキタキツネの物語」絵・高徳瑞女 ③「ファンシーポエム」絵・高徳瑞女〈すべて年代不明〉

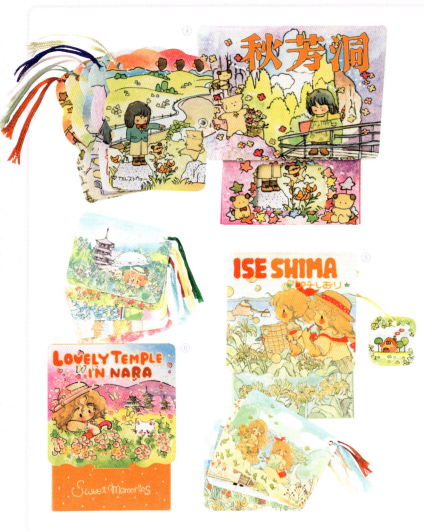

「観光地めるへんしおり&はがき」といえば、当時数多くの作品を手掛けていた高徳瑞女(みずめ)先生！細やかな描き込みの王道メルヘン系も、ちょっと笑えるコミカルなものも、瑞女先生におまかせ♡「みずめるへん」ともいうべき、ファンタジックなポエムも必読だよ〜！

④「秋芳洞」絵・高徳瑞女 ⑤「ISE SHIMA」絵・高徳瑞女 ⑥「LOVELY TEMPLE IN NARA」絵・高徳瑞女〈すべて年代不明〉

①「おきなわ」絵・高德瑞女 ②「長崎 little memories」絵・高德瑞女 ③「伊勢志摩」絵・高德瑞女 ④「錦帯橋」絵・高德瑞女 ⑤「くらしき」絵・高德瑞女 ⑥「ふるさとの詩 飛騨路」絵・高德瑞女 ⑦「北海道 白いメルヘンランド」絵・高德瑞女 ⑧「青い海と虹のかけはし 天草」絵・高德瑞女〈すべて年代不明〉

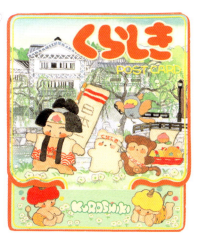

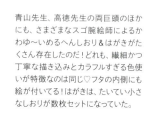

青山先生、高徳先生の両巨頭のほかにも、さまざまなスゴ腕絵師によるかわゆ〜いめるへんしおり&はがきがたくさん存在したのだ！どれも、繊細かつ丁寧な描き込みとカラフルすぎる色使いが特徴なのは同じ♡フタの内側にも絵が付いてる！はがきは、たいてい小さなしおりが数枚セットになっていた。

①「那須高原」絵・水原元気 ②「くまもとめぐり」絵・不明
③「WELCOME にいがた」絵・不明 ④「ちちぶ」絵・不明 ⑤
「静岡と清水」絵・水原元気〈すべて年代不明〉

①「愛の花詩集」絵・不明〈年代不明〉

222

②「神戸博 ポートピア'81」絵・不明（年代不明）

①「お空のめるへん」絵・不明〈年代不明〉

224

②「乙女の祈り」絵・不明（年代不明）

225

Toys for girls
ガールズトイ

昔パパに買ってもらったもの、欲しかったけどついに買えなかったもの、友だちに貸してもらったもの…。おもちゃには、キラキラした夢と思い出が詰まっている。ゲームウォッチや、「おはよう!スパンク」を中心にデザイン&機能が優れたおもちゃを振り返るよ♡

①うちのタマがいなくなったので、仲良しの隣のポチがタマの好物を集めてタマの帰りを待つという涙の(?)友情物語。②星形のキュートなゲーム機とサムくんのイラストが付いたタロットカード22枚で、恋愛や勉強、おこづかい、友情、健康、運について、過去、現在、未来が占える本格派だった☆

①「うちのタマ知りませんか?」ソニー・クリエイティブプロダクツ・バンダイ(1984) ②「タキシードサム・タロットスター」サンリオ・TOMY(現・タカラトミー)(1984)

③ダイカットのサムくんがキュートでしょ☆付属の部品で立てて飾れる仕様だった。④スキーの大会に出たサムくんが、ゲレンデを邪魔する敵をかわしてゴールを目指す！このほかにボディがピンク色の「サンデーロード」もあったよ☆⑤ピンクの筐体がラブリー♡おにっこラブりんが投げ飛ばすハートを、ゴロピカドンの3人が頑張って集めるゲーム！

③「タキシードサム シークレットサム」〈1979〉④「タキシードサム ドキドキゲレンデ」〈1979〉⑤「ゴロピカドン トンデマイハート」〈1984〉すべてサンリオ・TOMY（現・タカラトミー）

①彼ちゃまとの相性や大事な日の運勢がバッチリ占える、夢のようなゲーム機！アニメ版「愛してナイト」にも登場していたよね。やっこちゃんと剛くんを巡り会わせるゲームも、スリリングでおもしろかった〜。
②当時の人気占い情報誌「My Birthday」バージョン！野崎ふみこ先生のイラストがかわゆいの♡

①「ふたりのときめき占い ハービット 愛してナイト」〈1983〉 ②「マーク・矢崎治信監修 マイバースデイ ハービット」〈1988〉すべてバンダイ

③④大人気だった「ハーピット」のミニチュア版が発売されたときは衝撃だった！ドリーミーな星形と豪華なブック形に胸キュン☆かばんにも付けられるキーホルダータイプだった。手のひらにすっぽり収まるサイズなのに、星占い、相性占い、ゲーム、時計機能が付いた本家に劣らぬ優秀ぶり！

③「星形 プチハーピット」④「ブック形 プチハーピット」すべてバンダイ（すべて1984）

芸能人も、昭和ガールも歯が命！郵便ポスト風のボックスがかわいい歯磨きセット。歯ブラシも歯磨き粉もスパンクの絵が付いていて楽しい〜。

①「おはよう！スパンク おめざめスパンク」ポピー（現・バンダイ）〈1981〉

ちょっと面倒なお洗濯も、スパンクの手にかかればハッピーに♡スパンクの顔の形の透明なフタは、周囲にクリップを引っ掛けてハンガーに。肉球のお洗濯ばさみや顔形のブラシにもときめく！

②「おはよう！スパンク スパンクのランランランドリー」ポピー（現・バンダイ）〈1981〉

かっこいいトランク形のおめかしセット☆蝶ネクタイやロケットタイが付いて、スパンクみたいなプレッピーファッションが決まる!トランクのフタを開けるとまあるいミラーが♡

③「おはよう!スパンク ラブリースパンクバッグ」ポピー(現・バンダイ)〈1981〉

こちらはポシェットタイプのおしゃれバッグ。コームやコンパクト、リボンタイ、ヘアピン、指輪やバッジ、ポケットティッシュまで付いてカ・ン・ペ・キ!

④「おはよう!スパンク おしゃれバッグ」ポピー(現・バンダイ)〈1981〉

こんなかわゆいセットでピクニックに出かけたらきっと楽しい♡スパンクの絵やマスコットが付いた特製バスケットの中にはお弁当箱（フタがフリルの形♡）やカトラリー、紙ナプキンや水筒まで入ってるのだ！

①「おはよう！ スパンク スパンクのピクニックバスケット」ポピー（現・バンダイ）〈1981〉

招待カード、席札を用意して、ドーム型のお菓子入れのパラソルを開いたら、楽しいパーティーのはじまり☆スパンクの形のドリンクカップの可愛さに悶絶〜。

②「おはよう！ スパンク スパンクのトキメキパーティ」ポピー（現・バンダイ）〈1981〉

これぞ名品！世にもかわゆいクッキーが作れちゃうセット☆「かけっこスパンク」「おねんねスパンク」など6つのクッキー型や、ボウル、お皿、のし棒、へらなどを機能的に収納できるすばらしいデザインはもはや感動的!!

⑤「おはよう！スパンク スパンクのクッキークッキング」ポピー（現・バンダイ）〈1981〉

大人気の「クッキークッキング」（左）から派生して、スパンククッキーの型やお菓子ケースが単品のパッケージで売られていたのだ。肉球のトングにご注目♡

③「おはよう！スパンク おかしやさんケース」ポピー（現・バンダイ）〈1979〉 ④「おはよう！スパンク クッキーのかた」ポピー（現・バンダイ）〈1979〉

おうちの形のバスケット、実は手作りサンドイッチを作るセットなの。スパンクの形のサンドイッチを紙ケースに入れて召し上がれ☆なぜかスパンクのお面付き！

⑥「おはよう！スパンク パンのランチボックス」ポピー（現・バンダイ）〈1981〉

①ガールズトイ界の至宝ともいえるレンジが、スパンクバージョンに！ミニマムだけど、クッキーもホットケーキも作れちゃう本格派。小さなフライ返しとおたまも、実にキュート♡お料理ができたら、②のワンディッシュで楽しいランチタイムをどうぞ。

①「おはよう！スパンク スパンクのクッキングレンジ」②「おはよう！スパンク スパンクのワンディッシュ」すべてポピー（現・バンダイ）〈1981〉

③はスパンクの絵が付いたはがきやレターが作れちゃう、パーソナルな印刷機！好きな判を置いて、カーボン紙と紙を重ねて、ハンドルをクルクル〜。印刷機は穴あけパンチも付いたスグレモノだった。

③「おはよう！スパンク スパンクのハロープリント」ポピー（現・バンダイ）〈1981〉

④は女の子の憧れ、タイプライター！カーボン用紙
＆紙をセットして、希望の文字をカタカタと選んで
から、キーを押してタイプ☆⑤は当時人気だった、
ペン形スタンプ。コロコロ転がすと、スパンクの絵の
スタンプが押せるのだ☆細い方は小さいスタンプ＆
ボールペン。バッジも付く。

④「おはよう！ スパンク スパンクのタイプライター」⑤「おはよう！ スパンク スパンクのコロペン」すべてポピー（現・バンダイ）（すべて1981）

'80sファンシー年表

1981年 / 1981年以前

ハローキティ（1974）
パティ&ジミー（1974）
マイメロディ（1975）
リトルツインスターズ（1975）

フレッシュパンチ　タキシードサム（1979）
メローチューン

バイキンクン　レッツチャット

ザ・ファンシー&アメリカンテイスト時代

金太くん　MILK TEEN　NYANEES　ジミー・ペンドリックス

ペンギン戦争勃発！

ラブリーフィールド
サラ&マギー

ヘッドストロング　オット・トット　ロンリーリトルフォックス（1979）

メリーレイカー
ミントランド

タイニーキャンディ（1976）
スリービッグリーズ（1979）

ビートルフリーク

ボビーソクサー（1980）
アクアマリン（1980）
ジョーカーフェイス（1981）

星座のティンクルちゃん（YUMENO PRO）
内藤ルネ、田村セツコ、水森亜土など
ディズニー、スヌーピー、トムとジェリー
オサムグッズ（1976/コージー本舗）

- ●「おはよう！スパンク」アニメ放送開始
- ●「Dr.スランプアラレちゃん」アニメ放送開始
- ●手塚プロとサンリオによる映画「ユニコ」公開
- ●サンリオの漫画雑誌「リリカ」刊行（1976〜1979）
- ●竹の子族流行（1980）
- ●松田聖子デビュー（1980）
- ●なめ猫ブーム（1980）

サンリオ
1960年創業。言わずと知れた、ファンシー界を牽引するメーカー。全ての年代に響く日本の「Kawaii」を世界に発信している。

ソニー・クリエイティブプロダクツ
1978年創業。垢抜けたオシャレなオリジナルキャラクターでヒットを連発。海外キャラの国内展開も。

ミドリ（現・デザインフィル）
1950年にみどり商会として設立。洗練されたデザイン文具が人気だがかつてはキャラものも展開していた。

コクヨ（ヤングコクヨ）
和式帳簿の表紙製造業として1905年、大阪に創業。いまや国内を代表する文具メーカーとしておなじみ。

学習研究社（ビクトリアファンシー）（現・学研ステイフル）
教育事業を柱として出版、文具も展開。「科学」「学習」をとっていたという人も多いのでは。1946年創立。

サンエックス
1932年創業。90年代以降もリラックマ、たれぱんだ、アフロ犬、まめゴマなど人気オリジナルキャラを多数輩出している。

その他

エンタメ&カルチャートピック

*年度は原則、キャラクターの誕生年を記載。一部そのキャラクター商品が多く流通した年を記載しています。

1984年	1983年	1982年

みんなのたあ坊　　ザシキブタ　　　　　　　　　　　　　　　　ゴロピカドン
　　　　　　　　　ニャニィニュエニョン
　　　　　　　　ボ・ボクねずみ小僧だい！　EDDY&EMMY
　　　　　　　　　カントリーフレッシュベジーズ　ザ ボードビルデュオ
　　　　　　　　　　　　　　　　　　　　ファンカムアライブ

　　　　　ストライプス
　　　　　A.C.Godzilly
やったぁ！　先生がきたぞっ！　　　　　うちのタマ知りませんか？　マリンスカウツ　コスモズー
晴れたっ！　　　　　　まめごはん　（タマ＆フレンズ）
　　　　うめぼしごはん

ハニードロップ

和製キャラ
躍進

TRIPLETS 3J　　　　　　　　　　　　　　ガーデンスタッフ
　　　　　　　　　　　　　　　　　　　　Oh! Tankdaddy

関西系
おもしろキャラ
登場

レモンヴィレッジ　　ベペンペンペン

ペンシルクラブ　　　ヘルシーモーモー　　　ミフィーキッド

EASY BOYS　　　TURBOY
（ジャパンクラフト）（手塚プロ・トンボ鉛筆）

Pretty Goo　　　　　　　　　　　　　　
（宮尾怜衣・リリック）
さてんのに〜ちゃん　マリンフラッパー
（ユーカリ社）　　（ユーカリ社）　　　　　　　A.H.O.(ユーカリ社)

- ロサンゼルスオリンピック　　　　　　　　　● 「ときめきトゥナイト」連載開始
- CMでエリマキトカゲブームに　● 東京ディズニーランド開園　● 「笑っていいとも！」放送開始
- 　　　　　　　　　　　　　● 朝ドラ「おしん」ブーム　● 中森明菜・小泉今日子デビュー
- 　　　　　　　　● ファミリーコンピュータ　● 「魔法のプリンセス ミンキーモモ」
- 　　　　　　　　　（ファミコン）発売　　　　アニメ放送開始

	現在	1989年	1988年	1987年	1986年	1985年	
サンリオ	ハローキティ 40周年 (2014) マイメロディ 40周年 (2015) リトルツインスターズ 40周年 (2015) 「うちのタマ 知りませんか?」 30周年 (2013)		けろけろけろっぴ ウィンキーピンキー ポチャッコ	ウメ屋雑貨店 ぽこぽん日記 ようかいきっず	ギミーファイブ マロンクリーム ノラネコランド	ハンギョドン	
ソニー・クリエイティブプロダクツ							
ミドリ (現・デザインフィル)			のりピーマン	MINEKO CLUB			
コクヨ			香り付き文具や全ページ絵柄が違うノートがブームに				
学習研究社 (現・学研ステイフル)					SPORTS KIDS		
サンエックス			カイジュウパラダイスアメージングナイト	ピニームー	SPORTS WAVE わくわくコレクション ボンボンスノー		
その他	「りぼん」「なかよし」創刊60周年 (2015) オサムグッズ 40周年 (2016) ユニコ 40周年 (2016) 「ちゃお」創刊40周年 (2017)		MR.FRIENDLY (スーパープランニング) ピーナッツボーイ (サンスター文具) KIRIKO'S FACTORY パーボー (アーバン) SWIMMER (白鳳)				
エンタメ&カルチャートピック		●元号が昭和から平成へ ●美空ひばり、手塚治虫逝去 ●「ザ・ベストテン」、「オレたちひょうきん族」放送終了 ●ソウルオリンピック ●東京ドーム完成	●光GENJIデビュー ●キョンシーブーム	●「ドラゴンクエスト」発売 ●「写ルンです」発売	●科学万博 つくば'85 開催 ●おニャン子クラブ結成 ●ビックリマンチョコブーム		

©TEZUKA PRODUCTIONS

おわりに

　親愛なる読者の皆さま！　この本を通して、ゆかしなもんのお部屋に遊びに来てくれて、ありがとうございました。'80sガーリーカルチャーの熱き魂が少しでも伝わったでしょうか。

　今回の本づくりで、少女のころの気持ちをあらためて思い出しました。気に入ったファンシーグッズや本を見つけたときのうれしい気持ち。ときめいた、あの感覚。そして、心に浮かぶのは、その時代に一緒に生きていた家族やペット、友だち、先生、祖母や親戚の顔、顔、顔……。ひとりひとりの人生が「ドラマ」であるならば、そこには必ず思い出の昭和ガーリーグッズという「小道具」があって、大切な「登場人物」たちと共に日々を歩んできて、今の私があるのだと、あらためて気づかされました。この本が、貴女が歩んで来た、ほかでもない貴女だけの「物語」をたどるきっかけになることを願います。

　なにぶん、30年以上も前の古いグッズを集めた本です。メーカー、作家さんほか、関係者の方々の確認作業は困難を極めたと思います。掲載にあたり多大なるご協力を賜り、厚くお礼申し上げます。そして、カメラマンさん、デザイナーさんをはじめ制作スタッフの皆さま、この本にステキな魔法をかけてくれて感謝の気持ちでいっぱいです。いつも見守ってくれている武露愚(ブログ)の読者や友人、家族にもいっぱい助けてもらいました、ありがとう！

　最後に、私の青春時代にときめきをくださった「オサムグッズ」の原田治先生をはじめ、愛と情熱をもって私たちに'80sガーリーカルチャーの夢を届けてくれた、当時のすべてのクリエイターと関係者の皆さまに最大限の敬意と感謝の気持ちを込めて……。

昭和的ガーリー文化研究所　**ゆかしなもん**

東京・表参道で開催した「ゆかしな EXPO2 〜ゆかしなちゃんの部屋〜」の様子。漫画、アニメ、ファンシー、アイドルグッズがわんさか！
(2014.9.21 〜 23 ／ギャラリー Irie Yawd)

ゆかしなもん

1975年生まれ。文具、玩具、漫画、アイドル、映画、音楽など1970〜80年代の昭和ガーリーカルチャーを懐古＆発信する「昭和的ガーリー文化研究所」所長。2010年より同名の武露愚（ブログ）をスタート。2012年と2014年に自身の1500点を超えるコレクションから選りすぐりのアイテムを展示したイベント「ゆかしなEXPO」開催。2014年『80'sガールズ大百科』（実業之日本社）監修＆執筆、同年『ファンシーメイト』（ギャンビット）を出版（共著）。
http://lineblog.me/yukacinnamon

ステレオテニス・画

'80s ガーリーデザインコレクション
エイティーズ
2017年3月25日　初版第1刷発行

著　者　ゆかしなもん

アートディレクション＋デザイン：いすたえこ(NNNNY)、中澤耕平
デザイン：堀　翼
撮影：ただ（ゆかい）〈カバー、P.6-7、P.95、P.108-109〉、弘田　充
編集：大庭久実（グラフィック社）

発行者　長瀬　聡
発行所　株式会社グラフィック社
　　　　〒102-0073 東京都千代田区九段北1-14-17
　　　　TEL 03-3263-4318　FAX 03-3263-5297
　　　　http://www.graphicsha.co.jp
　　　　振替 00130-6-114345

印刷・製本　株式会社シナノパブリッシングプレス

定価はカバーに表示してあります。
乱丁・落丁本は、小社業務部宛にお送りください。小社送料負担にてお取り替え致します。
本書のコピー、スキャン、デジタル化等の無断複製は著作権法上の例外を除き禁じられています。本書を代行業者等の第三者に依頼してスキャンやデジタル化することは、たとえ個人や家庭内での利用であっても著作権法上認められておりません。

ISBN978-4-7661-3000-3 C0076
©yukacinnamon, 2017 Printed in Japan

本書に掲載されている商品はすべて著者の私物であり、現在は販売されておりません。商品についてメーカー、作家、関係者へのお問い合わせはご遠慮下さい。なお、収録にあたり商品の関係各所に連絡を取りましたが、調べのつかない方がいました。情報をお持ちの方は編集部までご連絡下さい。

©Sony Creative Products Inc.　©Gakken Sta:Ful　©MIDORI　©SAN-X CO., LTD. ALL RIGHTS RESERVED. ©Osamu Harada/Koji Honpo　© '75, '76, '77, '78, '79, '81, '82, '83, '84, '85, '86, '87, '88, '89, '90, '95, '17 SANRIO CO., LTD. TOKYO, JAPAN　©たかなしずえ・霧室俊一／講談社　©S・TAKANASHI S・YUKIMURO TMS '78, '79, '80, '81 A PRODUCT OF POPY & ANSONY JAPAN　©1975, 1976 deFARIA・LOCKHART・SANRIO PRODUCTIONS